JN061851

椿原流 図解で早わかり 国語授業 1

説明文読解の授業

椿原正和 著

学芸みらい社
GAKUGEI MIRAISHA

まえがき

　本書の主張は、次の１点に尽きます。

> 情報社会で役立つ説明文の「読解スキル７」を指導しよう。

読解スキル７

スキル①題名
スキル②文章構成（全体・段落）
スキル③トピックセンテンス
スキル④図表・グラフ
スキル⑤説明の型
スキル⑥筆者の主張
スキル⑦要点・要約・要旨

　私は、３年前から早期退職をし全国行脚をしています。３年間で500校を超える学校で授業・講演を行ってきました。

　その中で多くの若い先生方から次のような声を聞きました。

「国語の授業のやり方が分からない。」

「国語の授業で子供にどんな力が付いているのか不安だ。」

　それにも関わらず単元ごとの国語のテストでは、平均80点以上とれるのです。

　そして、若い先生方は「自分の国語の授業でも子供にある程度の力は付いているのだ」という誤解をしてしまいます。国語の単元テストは、算数と違い授業しなくても平均80点はとれます。そのことは、学期末のテストの結果からも分かります。

　なぜ説明文を取り上げたのか。

　それは、私たちを含めて子供たちが社会に出て仕事で目にする情報のほとんどは、説明文だからです。ネット情報を含めてです。

しかも、情報社会では、次の能力が求められます。

> 限られた時間で内容を的確に理解する能力

つまり、限られた時間で説明文の内容を的確に理解する能力は、子供たちの将来の生活を左右しかねない極めて重要なものだということなのです。

今回、学習指導要領の改訂によって「資質・能力」が強調されています。

> 「資質・能力」の肝は、「汎用性」と「スキル」です。

例えば、「ありの行列」（3年生）で学習したことが、4年生、5年生での説明文で生かされなければならないはずなのです。
しかし、現実はそうではありません。
つまり、「汎用性」のない説明文の授業が続けられているのです。
「汎用性」のある授業にするためには、「読解スキル」という発想が有効です。
例えば、「題名」を読解するスキルで指導することで、他の教材でも活用できます。
スキルですから、繰り返し使うことで「速く」「正確に」読解できるようになります。
教師も子供も読解力が付いたことを実感することになります。
従来、日本の国語授業の課題とされてきた「教材主義」からどのように授業を改善するのかの一つの方向性として「読解スキル」があると考えています。

さらに、「読解スキル」は、全国学力・学習状況調査（以下、全国学調）にも対応できます。
全国学調（小国）は、約20ページにもわたる分量です。それを45分間で解かなければなりません。しかも、出題される内容は、「初見」の文章ばかりです。
現場では、どのように授業改善すればよいのか明確な答えが得られず苦悩しています。
「読解スキル7」は、小学校1年生からの授業改善のイメージが明確になります。
全国行脚でも大変好評をいただいています。

情報社会に必要な資質・能力としての「読解スキル」を提案致します。

椿原正和

目　次

読解スキル7

スキル①題名
スキル②文章構成（全体・段落）
スキル③トピックセンテンス
スキル④図表・グラフ
スキル⑤説明の型
スキル⑥筆者の主張
スキル⑦要点・要約・要旨

序章 説明文を「読み解く」方法を教えていない罪

1　説明文における読解指導の課題

今回の私の主張は、以下のとおりです。

> 説明文の読解指導においては、「読解スキル」を明確にした指導が必要である。

私は全国約500校の小中高等学校を行脚し、授業・講演をしています。

その中で、多くの（おそらく9割を超える）若手教師から、「国語の授業のやり方が分からない」という声を聞きます。

私は、現在の国語の説明文の授業には、次のような課題があると考えています。

> ① 10人の教師がいれば、10通りの指導をしている。
> ② 1年生から「読解力」が積み上がったという実感がもてない。（子供も教師も）
> ③ 初見の説明文を限られた時間内で読み取れない。

私はこの原因を、次のように考えています。

> 日本の国語授業においては、「読解スキル」の意識が弱いのではないか。

2年ほど前の「日本教育新聞」に、次のような小さな記事が掲載されました。

日本と欧米の子供たちに学力調査と意識調査をしたものです。

私が驚いたのは、次の結果に対してでした。

「読解力に自信がある」と答えた日本の子供の割合は、30.0％だったのです。欧米の子供は、80.5％でした。

この「自信」の差はどこからくるものなのか。何が要因なのか。

私は、とても大きな課題であると感じました。そして、その要因を次のように考えました。

（日本教育新聞、2021,1.18 付）

> 読解指導を「スキル」として指導していないから。

読解を「スキル」として捉えれば、次のことが可能になります。

①読解スキルを学年ごとに系統化できる。
②読解スキルをスモールステップで誰もが指導できる。

説明文の読解指導法には、先達の多くの蓄積があります。

それらを基に、必要な「読解スキル」を抽出することは可能です。

また、「読解スキル」が明確になれば、スモールステップで指導することが可能になります。若い教師にとっても指導が容易になるのです。

2 「先生、これ習っていません！」

私は、全国学力・学習状況調査（以下、全学調）の国語記述式問題の答え方指導を考案し、全国に広げてきました。おかげさまで大変好評を得ています。

全学調の記述式問題の答え方指導を考案する過程においては、現場の授業改善の必要性を感じてきました。それは、次のことでした。

初見の説明文を読解するスキルの必要性

小学校、中学校の説明文の授業は音読から始まり、初発の感想を書き、段落に分けて段落ごとに読解し、最後に筆者の主張を読み取るという流れです。

これに対して全学調の問題は、初見の説明文を読み、設問に答えなければなりません。総ページ数が20ページを超える問題を、45分間で解くことが求められるのです。

ある学校の校内研で飛び込み授業をした時には、子供から質問が出ました。

「先生、これ（全学調過去問）習っていません！」

ふざけて言ったのではありません。

私はこの発言を聞いて、大きな衝撃を受けました。

そして、次のことに気づかされたのです。

私たちは、子供に「大事なこと」を教えていないのではないか。

その「大事なこと」とは、初見の説明文を読む「読解スキル」だと思ったのです。

私たちが仕事で必要とする情報（文章）のほとんど（99%）は、説明文です。

しかも、それらの文章を読むためには必須の条件があります。

それは、

限られた時間内で内容を的確に理解し、自分の考えを持って表現する。

ということです。

このような資質・能力こそが、これからの情報社会に必要とされるのです。

従来は「基礎力」も十分身に付いていないのに、「活用力」を問うような記述問題が解けるはずがないと言われていました。なかば、記述式問題に対応する力をつけることを諦めていたように思います。

しかし、全学調で求められる資質・能力は、「活用力」というより「情報処理能力」だと考えた方が理解できるのではないかと思うようになりました。

これで私自身の頭の中が整理され、やるべきことが明確になりました。

それは次のことです。

情報処理スキルとしての「読解スキル」の提案！

3　説明文読解のための「読解スキル７」

　子供たちが、初見の文章を限られた時間で読解できるスキルを指導すべきなのだということです。

　そして、説明文に関するさまざまな文献を読み、小学校で必要な「読解スキル７」を設定しました。

　それが、右の７つです。

　私は、この７つの読解スキルを次のように捉えています。

スキル０　前提となる情報
スキル①　題名
スキル②　文章構成
スキル③　トピックセンテンス
スキル④　図表・グラフ
スキル⑤　説明の型
スキル⑥　筆者の主張
スキル⑦　要点・要約・要旨

①教材によって指導可能なスキルを指導することができる。
　（全ての教材で全てのスキルを指導するのではない。）
②小学１年生から系統的にスキルを積み上げることが可能である。
③スキルは、教師の教材分析・研究の視点にもなり得る。
④子供たちが、初見の説明文をこのスキルで読み取れる。
⑤「スキル」は、「学び方」にもなる。

第1章

説明文指導の
読解スキルは7つだ！

スキル０：前提となる情報（知識・スキーマ）

⑴ すらすら音読することは読解の前提であるが、同義ではない

文章の読解を原点に戻って考えてみます。

まず、文字が読めなければ読解することはできません。

では、文字が読めれば内容を理解できるのでしょうか。

日本の国語教育界では、「音読がすらすらできれば内容は理解できる」と考えられていました。

例えば、『国語教育研究大辞典（普及版）』（1991、明治図書、P88）には、次のように述べられています。

> すらすら読めるということと読解力があることは、ほとんど同義と言ってよい。

これに対して、教科書をすらすら読めても内容が理解できているとは限らないことを統計的に証明したのが、新井紀子氏でした。ベストセラーとなった『AI vs 教科書が読めない子どもたち』（2018、東洋経済新報社）で、それは示されています。

新井氏は、中学校の教科書に掲載されている一文を提示し、主語・述語などの問題を出して中学生・高校生に調査をしました。

その結果、教科書に掲載されている一文の主語と述語が読み取れていない生徒が多くいることを明らかにしました。

新井氏は、「汎用的読解力」として６つのスキル（右図）を挙げています。従来にはなかった提案です。

汎用的読解力とは、国語科に限ったことではありません。理科や社会科、新聞、書籍等の読解力を意味します。

汎用的読解力の１番目に位置付けられているのが、「主語と述語をつなげられる？」です。次が「『それ』が指すものがわかる？」です。この順序は、多くの先生方が納得されるのではないでしょうか。

さて、最も基本となる「主語・述語」を読み取れない子供たちの存在は、Ｒ３全学調でも明らかになりました。低学年で学習する主語・述語問題の正答率は、小学校６年生で67％でした。

このように、すらすら音読ができることは読解の前提とはなりますが、「すらすら音読＝読解力」とは、必ずしも言えないのだということを認識しておく必要があります。

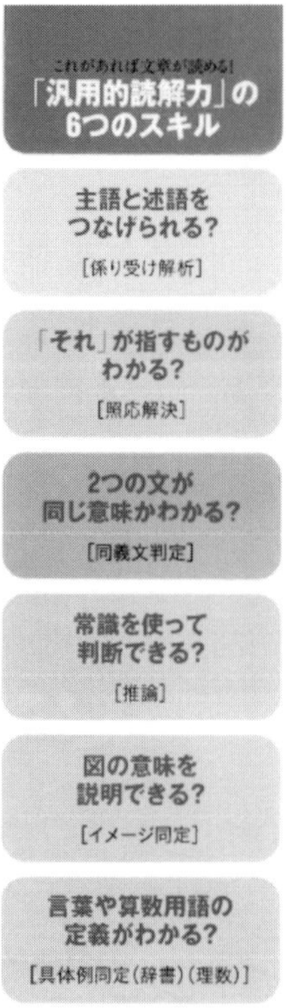

これがあれば文章が読める！
「汎用的読解力」の
６つのスキル

主語と述語を
つなげられる？
［係り受け解析］

「それ」が指すものが
わかる？
［照応解決］

2つの文が
同じ意味かわかる？
［同義文判定］

常識を使って
判断できる？
［推論］

図の意味を
説明できる？
［イメージ同定］

言葉や算数用語の
定義がわかる？
［具体例同定（辞書）（理数）］

「プレジデント Family」
2023、冬号より

⑵ 内容を理解するための前提となる「知識」「スキーマ」が必要である

「スキーマ」とは心理学の用語で、「構造化された知識」と呼ばれるものです。

例えば、光村５年の付録として掲載されている説明文に、「天気を予想する」（武田康男）があります。この教材文の中には、以下のような語句があります。

「①天気予報」に関するスキーマが子供の中になければ内容を理解することはできません。また、「②天気予報」に関する知識がなければ内容を理解することはできません。

「天気」については、５年生の理科で学習することになっています。つまり、この時点（３月）では、「天気を予想する」の内容を理解するための「知識」「スキーマ」を子供が持っているからこそ、この教材は３月に位置付けられているのだと言えます。

第1章　説明文指導の読解スキルは7つだ！

```
スキル0　前提となる情報

天気予報に関する経験・知識

① 天気予報の原理

② 天気予報に関する知識
・アメダス（観測装置）
・降水量
・気象レーダー
・海洋、気球、人工衛星での観測
・地球全体の大気の様子
・スーパーコンピュータ
・静止気象衛星
・突発的な天気の変化
・急速に発達する積乱雲
・局地的な天気の変化
・風や雲の動きの複雑さ
・天気に関することわざ
```

スキーマが内容の理解に重要であることは、３年光村の「ありの行列」（大滝哲也）でも指摘されています。

この教材の第１段落は、以下のとおりです。

> 夏になると、庭や公園のすみなどで、ありの行列を見かけることがあります。その行列は、ありの巣から、えさのある所まで、ずっとつづいています。ありは、ものがよく見えません。それなのに、なぜ、ありの行列ができるのでしょうか。
>
> （光村３年下P96）

当初は、次の一文がありませんでした。

> ありは、ものがよく見えません。

ありの行列がなぜできるのかを解明するためには、この一文の情報が必要であること

を指摘したのが、宇佐美寛氏や渋谷孝氏（『説明的文章の授業研究論』明治図書）でした。この指摘を受け、昭和61年版から先の一文が付け加えられるようになりました。

(3) デジタル教科書の必然性

　先に述べた内容を読み取るために必要な情報としての「知識」は、現状では意味調べや教師による資料提示で対応しています。

　しかし、これは個別最適とは言えません。そのような情報を必要としない子供には提示する意味がないからです。

　そこで、今後はデジタル教科書の活用によって、子供にとって必要な情報をクリックすれば画像や動画で見ることができるようになるでしょう。

　その一例として、以下のようなコンテンツが作成されています。

天気予報のもとになる気象
観測 | NHK for School
https://www2.nhk.or.jp/
school/movie/clip.cgi?das_id=
D0005301268_00000

アメダスとは
https://www2.nhk.or.jp/
school/movie/clip.cgi?das_
id=D0005300045_00000

　このコンテンツでは動画で分かりやすい解説を見ることができます。スマホが手元にある方は、ご覧になって下さい。まさに、情報が必要な子供が必要な時に視聴できるのです。

　以上のことから、次のことが言えます。

①説明文を理解する前提は、音読がすらすらできることである。
②形式的に読解するだけであれば、「問いの文」「答えの文」「筆者の主張」等を知っていればよい。しかし、指摘することはできても、文意が理解できない。
③内容を理解するためには、話題に関するスキーマや語句に関する知識や意味を知っていることが前提となる。
④つまり、説明文の読解指導においては、「内容知」を前提とした上で「形式」を読み取ることが必要となる。

スキル1：題名

⑴ 題名読解が必要な理由

　説明文の題名は、教材内容を理解する上で極めて重要です。

　私が説明文の題名の指導を重視する主な理由は、次になります。

> 情報社会においての限られた時間で、全体の概要を把握する能力が必須だから。

　全学調では、大問が3問あります。それを45分間で解きます。問題のページ数は、約20ページにもなります。

　まさしく、限られた時間内で内容を理解する能力が求められています。

　つまり全学調では、次の能力が求められているのです。

> 情報処理能力（限られた時間で内容を理解し答えを導く力）

　この能力は、全学調に限ったことではありません。

　子供たちが社会で活躍する上で必要な能力であり、私たち教師にも求められる能力です。これからの情報社会に必須の能力なのです。

　そして、教材内容の全体を把握するための読みの見通しを持たせてくれるのが、「題名」です。

　白石範孝氏は、「説明文の教材分析10」の観点の中で、「題名」について次のように述べています。

> ①題名　題名が何を象徴しているかをとらえ、文章の内容を予測し大体の読みの方向をもつことができる。（後略）　　（『白石範孝の「教材研究」』（東洋館出版、P23）

　「題名」は、教材文の読みの方向性につながるという点において私の主張と共通しています。

⑵ 題名は、インターチェンジの標識

　私は子供に授業する時に、題名の重要性を次のように説明します。

> 　皆さんは、高速道路を通ったことがあるでしょう。
> 　高速道路には、インターチェンジがありますね。
> 　料金所を通過すると、道が2つに分かれています。例えば、こちら（右）は「熊本県」、こちら（左）は、「福岡県」のようにです。
> 　違った道に入ると、到着するのに時間がかかったり、到着できなかったりすること

になります。
　正しい道に入ると、短い時間で目的地に到着できますね。
　説明文の題名も、このインターチェンジの標識の役割と同じなのです。
　題名から学習の見通し（方向性）が分かるのです。

　このように説明すると、子供は自分の経験と題名を関連付けることができます。
　これまでも「題名読み」という指導はありました。
　今後は、情報社会に必須のスキルなのだという視点での指導が必要になります。

(3) 題名には３種類しかない

　現在、教科書検定を通過した小学校国語科教科書は４社あります。光村図書出版、東京書籍、教育出版、学校図書です。
　私は、４社に掲載されている説明文すべてを分析しました。
　その結果、題名には次の３種類しかないことが分かりました。

【題名の分類】
①話題
②筆者の主張
③問いかけ

　白石範孝氏は、「題名」には次の３つがあると述べています。

① 話題が題名になったもの
② 説明題材が題名になったもの
③ 筆者の主張が題名になったもの

（『白石範孝の「教材研究」』東洋館出版、P66）

　私の主張と比べてみると、「話題」と「筆者の主張」は共通していることが分かります。
　白石氏の「①話題」と「②説明題材」の違いは、子供が考える上で難しいと思います。
　私が分析した中にある「③問いかけ」は、数的にはとても少ないのですが、確かに存在しています。

⑷ 題名から読みの方向性を見通す指導

　私は、「題名」から教材文の読みの方向性を見通す授業を次のように行っています。

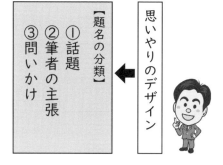

> 説明　説明文の題名には、全部で3種類あります。（ここで、これまで学習した説明文の題名を①から③の順に提示します。）
> 発問　「思いやりのデザイン」という題名は、何番になりますか。

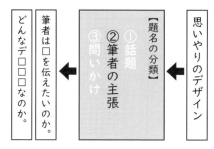

> 発問　「②筆者の主張」だとすると、本文にはどのような内容が書かれていると思いますか。

　最初はうまく言葉にできないと思われますから、コンテンツのように提示します。

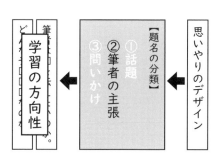

> 説明　題名から本文に書かれている内容を予想することができます。これが「学習の方向性」となります。このように見通しを持って本文を読むと、全体の内容を的確につかむことができるのです。

　このような「題名読解」ともいうべき指導を低学年から継続することで、子供は初見の説明文を読む術を持つことができます。時間にして、わずか5分程度です。
　全学調のような長文も「題名」から内容を予想して読むことで、限られた時間内で内容の大体を把握することが可能になります。

スキル２：文章構成

(1)「はじめ」「中」「終わり」の３構成が基本

　説明文の文章構成は、原則３構成です。

　１年生〜４年生までは、「はじめ」「中」「終わり」と指導します。

　５、６年生になると「序論」「本論」「結論」と指導する教科書もあります。

　「文章構成」と「文章構造図」の違いは、知っておく必要があります。

　「文章構成」は、上述したように３構成です。

　「文章構造図」は、段落同士の関係を図に表したものです。（右図）

　３、４年生での学習事項となります。

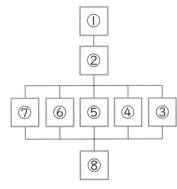

（文章構造図例）

(2) 低学年は「問いと答え」

　低学年では、「問いと答え」という文章構成があるということに気づき、説明文を読むことが低学年の大きな学習内容となります。

　しかし、「問いと答え」が分かりやすく対応している場合と、そうでない場合とがあります。

　本来ならば低学年の教材は、「問いと答え」が明確に対応している教材（ノイズのない教材）である方が望ましいのです。そこで、対応していない場合を教師が見抜き、リライト（分かりやすく書き直す）等の指導をすることが必要です。

　また、低学年では、学習指導要領に「段落」という用語はありません。

　したがって低学年の説明文には、「はじめ」「中」「終わり」という明確な構成があるものとないものとがあります。

(3) 形式段落を意味段落に分ける

　５、６年生になると「文章全体の構成を捉えて要旨を把握すること」が学習指導要領に示されています。

　「文章全体の構成を捉える」時に必要なのが、「意味段落」です。

　一字下がりの「形式段落」を２〜３つのまとまりに分けることになります。

　「形式段落」は、基本的に中心となる「主語」によって分けることができます。

　「意味段落」は、「観点」によって分けるのです。

　このことは、第４章の「高学年教材での授業例」の中で詳しくお話しします。

スキル3：トピックセンテンス

⑴ トピックセンテンスとは

トピックセンテンスは、次のように定義されます。

> パラグラフ（段落）には、そこで何について言おうとするかを一口に、概論的に述べた文がふくまれるのが通例である。これをトピックセンテンスという。（中略―椿原）（トピックセンテンスは、）パラグラフの最初に書くのがたてまえである。
>
> （『理科系の作文技術』木下是雄、P62、64）

また、トピックセンテンスは段落の冒頭の一文であり、その段落の概論を述べるのが通例であるので、次のように考えることができます。

> トピックセンテンスは各パラグラフのエッセンスを述べたものだから、それを並べれば文章ぜんたいの要約にならなければならないのだ。
>
> （『理科系の作文技術』木下是雄、P64）

つまり、どんなに長文の説明文であっても、トピックセンテンスだけを読むことで、内容の大体を把握することが可能になるのです。

しかし、日本の国語教育界には、長年にわたって「トピックセンテンス」という概念自体が共有されていなかったのではないかと思われる事実があります。

例えば、『国語教育大辞典』（1991、明治図書、国語教育研究所編）や『国語教育指導用語辞典』（1984、教育出版，田近洵一・井上尚美編）には、目次・索引に「トピックセンテンス」が取り上げられていないのです。

▲「トピックセンテンス」の項がない

向山洋一氏らによって、30年以上前から「日本の説明文教材は、トピックセンテンスがぐちゃぐちゃだ」という批判がなされました。

その結果だと思われますが、最近の教科書はトピックセンテンスを明確に位置付けた教材が増えてきています。

特に全学調では、明確に位置付けられています。したがって、トピックセンテンスを読むスキルがあれば、短時間で内容の大体を把握することが可能となっています。

トピックセンテンスの指導は、特別支援教育の視点からも重要です。限られたワーキングメモリー（短期記憶の一種）で、内容の全体を把握できるからです。

⑵ トピックセンテンスの課題と教科書教材の現状

　段落の冒頭の一文にトピックセンテンスを位置付けることは、説明文の読解指導だけでなく、説明文を書くという授業においても論理的な文章指導として重要であると考えられます。特に、今回の学習指導要領では、資質・能力として「思考力、判断力、表現力等の育成」が明記されました。具体的な学習内容として「レポート作成」があげられています。

　では、なぜトピックセンテンスを段落の冒頭の一文に位置付けない場合があるのでしょうか。

　木下是雄氏は、「トピックセンテンスがパラグラフの最後にくる場合もあり、まん中あたりに置かれる場合もある。」（前掲書、P65）と述べて、冒頭の一文目に統一することの難しさを次のように述べています。

　まず、先行するパラグラフとの＜つなぎ＞の文を、トピックセンテンスより前に書かなければならない場合がある。

　第2に、これは仕事の文書にとっては致命的なことではないが、トピックセンテンスを第1文とするパラグラフばかりがつづくと、文章が単調になるきらいがある。

　第3に、日本語の文の組立てがこれに向かないのである。

　最後に述べたことは定説ではない。しかし私は、英文を書く場合にくらべて、日本語でものを書くときにはトピックセンテンスのパラグラフを第1文にもってきにくい場合が多いように思う。　　　　　　　　　　　　　　　（『理科系の作文技術』木下是雄、P66）

　私は日本の教科書4社の全ての説明文を分析する中で、共通点があることに気づきました。

　日本の説明文教材は、「はじめ」の部分においてトピックセンテンスが第1文に置かれていない場合が多い。

　これは、先程の木下是雄氏の「第2」でも述べられたこととも関連しますが、「はじめ」の部分では子供に興味・関心を持たせることが重視されるため、どうしても第1文ではないところにトピックセンテンスが置かれるのではないかと推測されます。

⑶ トピックセンテンス指導は、リライトとセットで行う

　トピックセンテンスの指導は、単に段落の第1文目を並べて読ませればよいのではありません。私は全国で飛び込み授業をする中で、次のことに留意してきました。

留意点①情報社会の資質としてのトピックセンテンスの意味の説明

留意点②全文通読とトピックセンテンス読みのタイム計測（何分の1か）

留意点③トピックセンテンスのリライト（「はじめ」の段落から探す）

スキル４：図表・グラフ

(1) なぜ、図表・グラフ等の指導が必要なのか

説明文には多くの場合、図表・グラフ等の資料が掲載されています。

説明文のように文章化されたものを「連続型テキスト」と言います。

図表・グラフのようなものを「非連続型テキスト」と言います。

なぜ、図表・グラフ等が必要なのか、原点に立ち返ってみる必要があります。

私は、次の２つの理由を考えています。

> 1　文章だけでは伝わりにくい内容を図表・グラフ等によって分かりやすく伝えることができる。（視覚化）
> 2　エビデンスに基づいた図表・グラフ等の情報によって、筆者の主張を明確に伝えることができる。（信頼性・妥当性）

しかし、実際の授業場面での図表・グラフ等の扱い方は、効果的ではないように感じられます。日本の国語科授業で不十分な点は、次であると言えます。

> 文章と図表・グラフを関連させながら読解する指導

(2) 図表・グラフで指導すべき３項目

私が「図表・グラフ」で確実に指導すべきだと考えているのが、以下の３項目です。

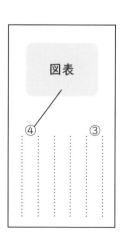

指導すべき３項目

① この図表に見出しを付けましょう。

② この図表は、何段落と対応していますか。

③ この図表を使ったことによる効果は何ですか。

まず、「見出し（タイトル）を付ける指導」です。（①）

図表・グラフ等に「見出し」を付けるのは、原則です。

「見出し」が付いていない場合の理由としては、図表・グラフには「表題」が明記されているということが考えられます。「表題＝見出し」と考えてもよいでしょう。

しかし、写真やイラストや絵等には、「見出し」が必要となります。

指導の際に留意すべきは、次の2点です。

1　すべての図表・グラフ等に「見出し」を付ける必要はない。
2　「見出し」を付けさせる指導にはステップがある。

これは、第2章以降で詳しく述べます。

次に、「図表・グラフと本文との対応の指導」です。（②）

これが最も初歩的な指導となり、低学年から指導することが可能です。

「この図表・グラフは、何段落のことですか。」と問えばよいのです。

子供は、教材文を読みます。そして、図表・グラフの表題と同じ語句を見つけます。

これが、「文章と図表・グラフを関連させながら読解する指導」の第一歩です。

最初は段落との対応を問いますが、中学年・高学年になると「文との対応」にも注目させます。「この図表・グラフは、どの文と対応していますか。」という問いが必要となります。

いずれも、上図のように定規を使って「線で結ぶ」という作業をさせます。

最後に、「図表・グラフの効果の指導」です。（③）

これは、高学年が主な対象となります。

その図表・グラフを活用したことによって、どのような効果があるのかを自分の言葉で表現させるのです。

最初の指導では、右図のようにお手本を提示したり、キーワードを空白にして考えさせます。

---

①この図表に見出しを付けましょう。

図表
見出し

②この図表は、何段落と対応していますか。

図表
④　　③

③この表を用いたことによる効果は何ですか。

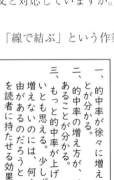

一、的中率が徐々に増えていることが分かる。
二、的中率の増え方が、緩やかであることが分かる。
三、もっと的中率が上がってもよいとも思える。少しずつしか増えないのには、何らかの理由があるのだろうという予想を読者に持たせる効果がある。

東京地方の降水の予想精度（5年平均）	
年	的中率（パーセント）
1971～1975	79
1976～1980	79
1981～1985	82
1986～1990	82
1991～1995	83
1996～2000	84
2001～2005	86
2006～2010	86
2011～2015	87

（気象庁資料を再構成）

（表は、光村5年「天気を予想する」より）

スキル5：説明の型

(1) 説明文の3つの型

　説明文に3つの型があることが広く認識されたのは、令和4年の全国学調小国大問3においてであろうと思います。

○　文章全体の構成や展開には，統括する内容を位置付ける箇所によって，「頭括型」，「尾括型」，「双括型」がある。丸山さんは，自分の主張が明確に伝わるように，【文章の下書き】の最初の段落に「だれもが気持ちよく生活するために、一人一人が責任をもって使った物をかたづけることが大切だ」と書き，最後の段落にも「一人一人が責任をもってかたづけることが大切だ」と繰り返し書いて強調している。ここでは，丸山さんが双括型の構成を考えたということと，その構成で書いた意図を捉えることが求められる。

（「令和3年度全国学力・学習状況調査解説資料小学校国語」文部科学省、P30）

　この3つの型の特徴を整理したのが、白石範孝氏です。教材研究の視点として役立つと思いますので、以下に紹介します。

　この中で重要なのが、「双括型」の特徴です。

　はじめとおわりに2回筆者の主張が述べられているのが「双括型」です。

　しかし、白石氏によれば、2回の内容に質的な違いがあるというのです。高学年では、ぜひ指導すべきだと思います。

説明文の基本文型と特徴

	頭括型	尾括型	双括型
	（はじめ）（なか）（おわり） **結論** □ □	（はじめ）（なか）（おわり） □ □ **結論**	（はじめ）（なか）（おわり） **結論** □ **結論** （「はじめ」の結論の解説／新しい情報／新しい情報を加えた結論）
特徴	・結論を〈はじめ〉で述べ、〈なか〉で事例を挙げる。 ・〈おわり〉に結論はない。	・〈おわり〉で結論、主張を述べる。	・〈はじめ〉で最初の結論を述べ、〈なか〉の順序でその解説を述べる。 ・〈なか〉の後半で新しい情報を加える。 ・〈おわり〉では、〈はじめ〉の結論に加え、新しい情報を加えた結論を述べる。この「新しい情報」が、筆者の主張、要旨となる。
効果	事実を述べるのに適している。	驚きや発見を伝えるのに適している。	説得の論述。
文章の例	事件や事故の記事	コラム	投書、論説文
おもに扱う学年と、学習上の留意事項	・1、2年 ・文末に注意する。	・3、4年 ・〈はじめ〉と〈おわり〉の関係に着目する。	・5、6年 ・〈はじめ〉と〈おわり〉の主張に着目する。

（『白石範孝の「教材研究」―教材分析と単元構想―』東洋館出版社、P22）

(2) もう一つの型

　青木伸生氏（筑波大附属小）は、上述した3つの型のほかに「時系列型」があると言います。

　青木氏は「時系列型」について次のように述べています。

　「れっしゃ型」の文章は、時間や事柄の順序に沿って説明していくものです。

（『思考と表現の枠組みをつくるフレームリーディング』明治図書、P148）

←　時間・事柄の順序

れっしゃ型（時系列型）

　主に低学年の説明文がこの型にあたります。教材研究の視点として必要です。

スキル６：筆者の主張

(1) 筆者の主張は何かを読み取るのが目標

説明文の読解指導においては、筆者の主張を読み取ることが第一です。

そのためには、「説明の型」を知っておくことが重要です。

「頭括型」「尾括型」「双括型」を知っていれば、当然筆者の主張は、「初め」か「終わり」のどこかで述べられていることになります。

> 「頭括型」＝筆者の主張が「初め」に述べられている。
> 「尾括型」＝筆者の主張が「終わり」に述べられている。
> 「双括型」＝筆者の主張が「初め」と「終わり」に述べられている。

(2) 筆者の主張が見つかれば「読解できた」と言えるか

筆者の主張を読み取ることは、説明文指導の重要な目標です。

しかし、これだけでは不十分です。

「問いと答え」「考えと事例」「結論と理由」等を検討することも重要です。

しかし、これらの検討事項は、あくまでも筆者の主張との整合性を基に検討されるべきです。その意味からも、「筆者の主張」を見つけることが第一なのです。

「説明の３つの型」を知らない子供は、闇雲に筆者の主張を探さなければなりません。

これは、情報社会においては時間の浪費となります。

限られた時間の中で的確に情報を探し出すという PISA 型の３つの能力の最初の段階に当たるのが、「①情報を探し出す」という能力です。

「読解スキル５：説明文の型」と「読解スキル６：筆者の主張」は、切っても切り離せないスキルです。

しかし、あえて分けて提示することで、それぞれのスキルの意味を強調したのです。

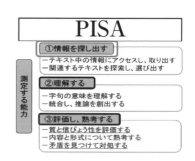

スキル7：要点・要約・要旨

⑴「要点・要約・要旨」の定義

「要点」は「話すこと・聞くこと」（3、4年生）で取り上げられていますが、「読むこと」には取り上げられていません。「要点」は、各段落の中心となるポイントです。

しかし、「要点・要約・要旨」は、それぞれが関連する指導事項だと考えられますので、セットで取り上げることにします。

まず、「要約」の定義です。「学習指導要領小学校国語編解説」には、次のように述べられています。「要約」は、3、4年生の指導事項に位置付けられています。

> **ウ 目的を意識して，中心となる語や文を見付けて要約すること。**
>
> 　第1学年及び第2学年のウを受けて，目的を意識して，アの指導事項で捉えた文章の構造や内容を基に，必要な情報を見付けて要約することを示している。
>
> 　**要約する**とは，文章全体の内容を正確に把握した上で，元の文章の構成や表現をそのまま生かしたり自分の言葉を用いたりして，文章の内容を短くまとめることである。文章の内容を端的に説明するといった要約する目的を意識して，内容の**中心となる語や文**を選んで，要約の分量などを考えて要約することが重要である。
>
> 　なお，この指導事項で示す内容は，文学的な文章においてあらすじを捉える際などにも必要となる「思考力，判断力，表現力等」である。

（「学習指導要領小学校国語解説」3、4年編、P110）

次に、「要旨」です。「要旨」は、5、6年生の指導事項に位置付けられています。

> 　**要旨**とは，書き手が文章で取り上げている内容の中心となる事柄や，書き手の考えの中心となる事柄などである。**要旨を把握する**ためには，**文章全体の構成を捉える**ことが必要になる。文章の各部分だけを取り上げるのではなく，全体を通してどのように構成されているのかを正確に捉えることが重要である。その際，叙述を基に，書き手が，どのような事実を理由や事例として挙げているのか，どのような感想や意見などをもっているのかなどに着目して，**事実と感想，意見などとの関係**を押さえることとなる。

（「学習指導要領小学校国語解説」5、6年、P147）

特に「要約」の定義が、「各段落を20字以内にすること」とは違っていることに気づきます。この後、3つの用語の整理された定義や教科書での学習内容を見ていきます。

⑵ 白石範孝氏の定義と考え方

　白石範孝（明星大学教授）は、「要点」「要約」「要旨」次のように定義しています。
３つの違いを明確にした定義であり、実践的であるという点で取り上げます。

> 要点：形式段落レベルを短くまとめた内容。文末を体言止めにすることで主語連鎖
> 　　　が分かる。
> 要約：文章全体を短くまとめること。「要点」を順番にまとめた内容でもある。
> 要旨：筆者の主張点である。文章全体を「具体」部分と「抽象」部分に分けたとき、
> 　　　「抽象」部分の内容に要旨が含まれている。
> 　　　　　（『白石範孝の「教材研究」―教材分析と単元構想―』東洋館出版社、P24）

　白石氏の定義を見ると、形式段落を20字以内に要約（向山型説明文指導）していた
のを「要点」として捉えていることが分かります。
　また、白石氏の「要約」の捉え方は、段落での要約ではなく、文章全体の要約として
捉えたものです。これは、今回の学習指導要領における捉え方と一致しています。
　「要旨」の定義では、「筆者の主張点」のみを取り上げていますが、学習指導要領では、
「内容の中心」「考えの中心」と述べられており、白石氏の定義より広い範囲を指してい
ると考えられます。
　「要点」「要約」「要旨」は、全学調において初見のテキストを読み、短い時間でポイ
ントを押さえる上で、とても重要なスキルです。
　しかし授業では、それぞれの用語を１教材で学習して終了してしまうという状況です。
スキルが身につくようなカリキュラム・マネジメントがどうしても必要なのです。
　幸い、教科書の学習の手引きには、字数を限定しての要約・要旨の指導が紹介されて
います。それらを活用しながら、スキルとして明確なステップを提示することが重要で
す。
　第２章以降ではその点にも触れながら、具体的なスキルのステップを紹介します。

⑶ 本論稿での定義

　「小学校学習指導要領国語解説」、白石範孝氏の定義を踏まえて、本論稿では以下のよ
うに定義します。

> 要点：形式段落の重要な内容を20字以内にまとめたもの。
> 　　　トピック・センテンスとほぼ同じである。
> 要約：文章構成（構造）を基に、文章全体を100〜200字程度にし
> 　　　て「要点」を順番にまとめたもの。
> 要旨：「内容の中心」や「主張の中心」を30字以内にまとめたもの。

第2章

低学年教材を読み解く「読解スキル7」

1 じどう車くらべ（1年）

読解スキル7による教材分析と指導のポイント

スキル0：前提となる情報（音読・知識・スキーマ）

題名の横に一円玉くらいの大きさに丸を10個書かせ、1回読んだら（どこで読んでも）赤鉛筆で丸を塗らせます。また、本教材では事前に「バスや乗用車」「トラック」「クレーン車」に関する知識を把握しておく必要があります。「○○は、何をする自動車ですか」「○○を見たことがありますか。乗ったことがありますか。」のような問いかけによる把握です。

スキル1：題名

「話題」が題名です。「自動車の何を比べるのか。」「比べた結果、どんな違いがあるのか。」が課題として出され、読みの見通しとなります。

スキル2：文章構成

「はじめ」「中」の構成です。2つの問いがあり、それぞれの問いに3つの事例で答えています。低学年の文章構成のポイントの一つである「問いと答えの対応」が指導の中心となります。「しごと」は、問いと答えが対応しています。「ぴったり」という用語で指導すると分かりやすくなります。しかし、「つくり」は、問いと答えが対応していません。リライト（分かりやすくするために修正すること）の必要があります。ここが本教材のポイントとなります。

スキル3：トピックセンテンス

1年生の教材は段落という概念が明確ではなく、一文一段落ですから、指導の必要はありません。

スキル4：図表・グラフ

各事例（自動車）が、画像ではなくイラストで描かれています。これは余計な情報がなく、「くらべる」観点を焦点化できる点で効果的です。

スキル5：説明の型

一般的な3つの型には含まれません。これは「追歩型」といってそれぞれの事例ごとに問いの答えがあり、完結する型です。この教材では特に指導する必要はありません。

スキル6：筆者の主張

本教材では明確な主張は述べられていません。指導の必要はありません。

スキル7：要点・要約・要旨

本教材では指導の必要はありません。

スキル1：題名

じどう車　くらべ

この題名からどんなことを知りたいですか

①じどう車の何をくらべるのか。
②くらべるとどんなことが分かるのか

1年生の授業です。

題名から読みの方向性・見通しを持たせる指導が必要です。

この指導は、積み重ねが大きな力になります。高学年になって初見の文章を読むときに、題名から本文（内容）を類推しながら読むことで、限られた時間内で内容の大体を把握することができるようになります。

> 発問：「じどう車くらべ」という題名から、どんなことを知りたいですか。先生はね、どんな自動車が出てくるのかなあ、ということを知りたくなりました。皆さんはどうですか。

1年生ですから、たくさんの意見がでるでしょう。全部褒めてあげてください。目を見て、驚きながら、笑顔で。そうすると、子供たちはと次々と発言します。

その上で、上記のコンテンツにある2つに集約していきます。①の「何」と②の「どんな」を考えさせるとよいでしょう。

このように、題名を読むスキルはどの教材でも指導ができ、積み重ねが可能です。

スキル２：文章構成

低学年における文章構成の指導は、「問いと答えの対応」が最も重要な指導事項となります。

まず、「問い」の文の指導です。

向山洋一氏の指導は、一人も取り残さないという指導方法の典型です。

> 発問：問いの一文は、どれですか。
> 　　　（指を置かせ、読ませる。）
> 指示：（ものさしで）線を引きなさい。
> 発問：問いを表す一文字は何ですか。
> 　　　（「か」）
> 指示：「か」を○で囲みなさい。

次は、「問いと答えの対応」です。

従来の指導では、「問い」と「答え」を指摘して終了でした。

教材文に少しの違和感があっても、「教科書に間違いはない」という「教科書バイアス」があるので、そこから先の指導がなされないことがほとんどです。

しかし、ここで重要なのは、「対応」が整合的であるかどうかの検討です。

私は、それを次のような語を使って指導しています。

> 問いと答えは「ぴったり」です。

つまり、「どんな仕事をしていますか。」と問われたら、文末は「～という仕事をしています。」になる方が、１年生には理解しやすいのです。

これを、「ノイズのない教材」という言い方をします。

シンプルで論理的な文章であるということです。このことが、子供にとっては、とても重要なのです。

教科書では、「しごと」に関する問いと答えは、すべて「ぴったり」対応しています。

じどう車　くらべ

いろいろな　じどう車が　どうろを　はしって　います。

それぞれの　じどう車は、どんな　しごとを　して　いますか。

その　ために、どんな　つくりに　なって　いますか。

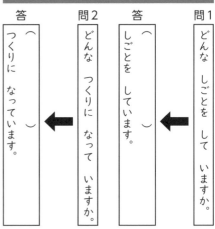

「問い」と「答え」を「ぴったり」にする。

問1　どんな　しごとを　して　いますか。

答　〔　　　〕しごとを　しています。

問2　どんな　つくりに　なって　いますか。

答　〔　　　〕つくりに　なっています。

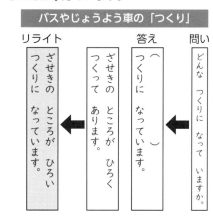

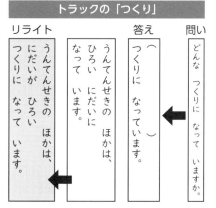

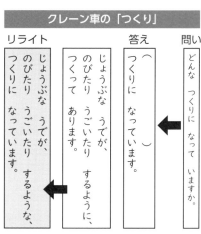

しかし、「つくり」に関する部分は、すべて「ぴったり」ではありません。

私は、わざとこのように教科書が作られているのだと考えています。

> 「しごと」で「ぴったり」の「問いと答えの対応」を学び、それをお手本として「つくり」の「問いと答えの対応」を「ぴったり」にする学習をするような組み立てなのだと考えています。

教師がそのような視点で教材を分析できていれば、指導が可能になります。

右の3つのコンテンツは、「つくり」の部分をどのようにリライトすればよいかを示しています。

①「バスやじょうよう車」の答えは一見よさそうですが、「～つくりになっています。」という文末にリライトする必要があります。教師でも教科書の文章を正解だと考える人もいます。このような視点があるかどうかで、教材の見え方が変わってくるのです。

②「トラック」の「つくり」のリライトは、子どもにとって非常に難しいものです。なぜなら、本文に「つくり」という言葉がないからです。にも関わらず、「～つくりになっています。」とリライトしなければならず、その際、倒置を行わなければなりません。このトラックの「つくり」の授業で困った経験を持っておられる方が、とても多くおられました。

③「クレーン車」は、先の2つの学習経験がありますから、「自分でリライトしてご覧なさい。」と言えば、子供たちは友達と相談しながら喜んで書けるでしょう。

このように、「問いと答え」の整合性まで指導すると、この後の「自分で好きな自動車の『しごと』と『つくり』図鑑を作ろう」の指導がとてもやりやすくなり、評価も明確になります。

バスやじょうよう車の「つくり」

トラックの「つくり」

クレーン車の「つくり」

第2章　低学年教材で読み解く「読解スキル7」

2 どうぶつの赤ちゃん（1年）

読解スキル7による教材分析と指導のポイント

スキル0：前提となる情報（音読・知識・スキーマ）

題名の横に一円玉の大きさくらいに丸を10個書かせ、1回読んだら（どこで読んでも）赤鉛筆で丸を塗らせます。

「ライオン」「しまうま」「カンガルー」等の動物に関する図鑑等の本を司書の方にお願いして、事前に教室に置いてもらうとよいでしょう。

スキル1：題名

「話題」が題名です。1年生の教材は、ほとんどが「話題」が題名となっています。「問い」そのものが読み取りの方向性となります。

スキル2：文章構成

「はじめ」「中」の構成です。また、2つの問いがあり、ライオンとしまうまを対比させながら答えが書かれています。それぞれの動物の違いを読み取ります。

スキル3：トピックセンテンス

1年生では、「段落」という学習用語はまだ指導しません。ただし、この教材では、段落の最初の一文をつなげて読むことで対比的に書かれていることが分かるので、音読をさせると子供から気づきが出されるでしょう。

スキル4：図表・グラフ

ライオンとしまうまのイラストは、それぞれ2つずつ描かれています。それぞれは2つの問いの答えに対応する形で描かれてあります。それぞれのイラストが何段落と対応するかを考えさせることは可能です。

スキル5：説明の型

一般的な3つの型には含まれません。これは「追歩型」といって、それぞれの事例ごとに問いの答えがあり、完結する型です。この教材では特に指導する必要はありません。

スキル6：筆者の主張

本教材では明確な主張は述べられていません。指導の必要はありません。

スキル7：要点・要約・要旨

本教材では指導の必要はありません。

スキル１：題名

題名の３つの分類は、次の通りでした。

①話題
②筆者の主張
③問いかけ

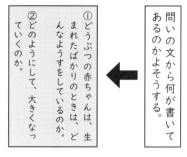

問いの文から何が書いてあるのかよそうする。

①どうぶつの赤ちゃんは、生まれたばかりのときは、どんなようすをしているのか。
②どのようにして、大きくなっていくのか。

「どうぶつの赤ちゃん」は、「話題」だということが分かります。ただし、１年生にはこの３つの分類を指導する必要はありません。

前回の「じどう車くらべ」では、「どんなことが知りたいですか。」と問いかける中で学習の方向性を考えることができました。

今回の「どうぶつの赤ちゃん」では、子供の発言内容が拡散してしまう可能性があります。「くらべ」のような方向性を示す語句がないからです。

そこで、次のように問いの文から内容を予想させるとよいでしょう。

「どうぶつの赤ちゃん」には、問いが２つあります。その後に問いの答えが書いてあります。だから問いを読めば、その後にどんなことが書いてあるのかを予想することができます。

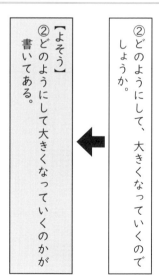
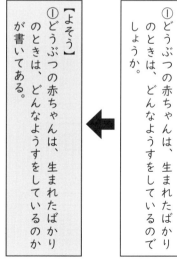

①どうぶつの赤ちゃんは、生まれたばかりのときは、どんなようすをしているのでしょうか。
②どのようにして、大きくなっていくのでしょうか。

【よそう】
①どうぶつの赤ちゃんは、生まれたばかりのときは、どんなようすをしているのかが書いてある。
②どのようにして大きくなっていくのかが書いてある。

このように、１年生の段階から「題名」に着目すれば、本文の内容を予想することができるのだということに気づかせていくことが重要です。

スキル２：文章構成

本教材は、「問いと答えの対応」によって構成されています。

次のように指導すると、支援を要する子供も「作業」しながら理解できます。

> 発問：問いの一文は、どれですか。（指を置かせ、読ませる。）
> 指示：（ものさしで）線を引きなさい。
> 発問：問いを表す一文字は何ですか。（「か」）
> 指示：「か」を○で囲みなさい。

しかし、教科書では、文末の「か」が明記されていません。もちろん、それでも「問いの文」だと分かる子供がほとんどですが、「か」がないことで「問いの文」だと分からない子供がいます。

そこで、追加の発問・指示をします。

> 発問：この文には、問いを表す一文字が抜けています。（「か」と答える。）
> 指示：そうですね。教科書に「か」を付け加えなさい。（確認する。）
> 指示：よくできました。その「か」を赤鉛筆で囲みなさい。

リライト

どうぶつの　赤ちゃんは、生まれたばかりのときは、どんな　ようすを　しているのでしょう㋕。　そして、どのようにして、大きくなっていくのでしょう㋕。

問いの文

どうぶつの　赤ちゃんは、生まれたばかりのときは、どんな　ようすを　しているのでしょう。　そして、どのようにして、大きくなっていくのでしょう。

このように、「問いの文」には文末に「か」がない場合もあることを伝え、リライトすることで分かりやすくなることを「作業」をとおして指導します。

スキル3：トピックセンテンス

1年生では「段落」は指導しませんが、「どうぶつの赤ちゃん」はきちんとした段落で構成されています。

したがって、トピックセンテンス（冒頭の一文）を並べてみると、次のようになります。

トピックセンテンス

① どうぶつの赤ちゃんは、生まれたばかりのときは、どんなようすをしているのでしょう。そして、どのようにして、大きくなっていくのでしょう。

② ライオンの赤ちゃんは、生まれたときは、子ねこぐらいの大きさです。

③ ライオンの赤ちゃんは、じぶんではあるくことができません。

④ ライオンの赤ちゃんは、生まれて二か月ぐらいは、おちちだけのんでいますが、やがて、おかあさんのとったえものをたべはじめます。

⑤ しまうまの赤ちゃんは、生まれたときに、もうやぎぐらいの大きさがあります。

⑥ しまうまの赤ちゃんは、生まれて三十ぷんもたたないうちに、じぶんで立ち上がります。

⑦ しまうまの赤ちゃんが、おかあさんのおちちだけのんでいるのは、たった七日ぐらいのあいだです。

---

①段落は、二文とも書きました。それは、問いが2つあり、その答えがその後に段落ごとに述べられているからです。

ライオンの場合をみてみます。

問い1の答えが、②③段落、問い2の答えが、④段落で述べられています。

しまうまの場合も同様です。

せっかくこのようにトピックセンテンスに整合性があるのですから、次のような指導はあってもよいと思います。

> 説明：説明文は、まとまりごとに一字空けて書いてあります。一字空いている最初の一文をつなげて読むと、「どうぶつの赤ちゃん」に書いてあることの大体が分かるのです。

このような指導ができるのも、6年間を見通した読解スキルを意識しているからです。子供の基礎学力を付ける指導というものは、このように「先を見通し」、「短時間ででき」、「繰り返すことができる」指導なのです。

スキル４：図表・グラフ

第２章（P19）では、図表・グラフの指導には以下の３項目があると述べました。
低学年では、①と②の指導が可能です。

指導すべき３項目

① この画像に見出しを付けましょう。

② この画像は、何段落と対応していますか。

③ この図表を使ったことの効果は何ですか。

最初は、②の発問です。

> 発問：この絵は何段落のことを表していますか。
> 指示：証拠になる言葉を丸で囲みなさい。

この発問によって、子供はイラストと関連させながら本文を読みます。

そして、根拠となる言葉を見つけます。

これが、「情報の探し出し」と呼ばれる指導です。

「あった！」とか「見つかった！」というつぶやきが出れば、しっかりと褒めてあげます。

隣同士で確認させ、全体で確認します。

その上で、「ものさし」でイラストと段落番号を結ばせるのです。

次は、①の発問です。

> 発問：あなたは、この絵にどんな題名（見出し）をつけますか。
> 指示：教科書に書いてみてください。

これには、いろいろな答えがあってよいのです。②の発問が効く、納得解を導ける問題です。

3 たんぽぽのちえ（2年）

読解スキル7による教材分析と指導のポイント

スキル0：前提となる情報（音読・知識・スキーマ）

「たんぽぽ」「ちえ」「しぼむ」「（花の）じく」「ぐったり」「かれる」「えいよう」「すっかり」「わた毛」「らっかさん」「ふわふわ」「せのび」「しめり気」「すぼむ」「はたかせる」「ちらす」「なかま」の語彙は、事前の調査が必要です。「見たこと（経験）があるか。」「文がつくれるか。」等の項目で調査をします。

スキル1：題名

「話題」が題名です。したがって、読みの方向性としては、「たんぽぽにはどんな知恵があるのだろうか。」という疑問を取り上げることになります。

スキル2：文章構成

「はじめ」「中」「終わり」の構成です。「中」の構成が指導のポイントとなります。①時間の順序、②ちえの数、③様子→理由です。

スキル3：トピックセンテンス

段落番号を書かせる指導は可能ですが、トピックセンテンスの指導は必要ないでしょう。一文一段落で記述されているなど、トピックセンテンスの良さがそれほど実感できないからです。

スキル4：図表・グラフ

挿絵と段落を線で結ばせる指導は必要です。また、挿絵を説明する指導も必要になります。全学調等では、挿絵やグラフを説明しながら読み取ることが求められるからです。挿絵や図表・グラフは見るだけでなく、説明するのだということを意識づけることは、今後とても重要な力となります。

スキル5：説明の型

「尾括型」です。最後の段落の冒頭に「このように」とあります。私が調べた範囲では、全ての説明文でまとめの段落の冒頭は、「このように」となっていました。「このように」は、説明文では最重要語句です。

スキル6：筆者の主張

筆者の主張は、最終⑩段落に述べられています。「このように」から判断できるように指導します。

スキル7：要点・要約・要旨

本教材では指導の必要はありません。

スキル1：題名

説明文の題名は、以下の3つに分類できます。

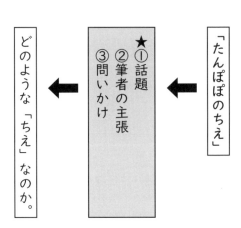

【題名の分類】
①話題
②筆者の主張
③問いかけ

「たんぽぽのちえ」→①話題 ②筆者の主張 ③問いかけ→どのような「ちえ」なのか。

「たんぽぽのちえ」は、「①話題」です。

2年生には、題名の3パターンを示しても、抽象的で分からない子供がいます。

そこで、次のように発問します。

> 発問：「たんぽぽのちえ」には、どんなことが書いてあると思いますか。

子供たちからは、
「たんぽぽには、どのようなちえがあるのか。」
について、さまざまな意見が出されるでしょう。
この発問には、2つの意味があります。

> 1つは、「何種類のちえ」があるのかという意味です。（観点）
> 1つは、「何個のちえ」があるのかという意味です。（具体）

いずれも、とても重要な内容です。

スキル2：文章構成

「たんぽぽのちえ」は、「はじめ」「中」「終わり」で構成されています。

段落との対応は、右図のとおりです。

説明文の段落は、「事柄のまとまり」で分けられるといいます。しかし、子供には「事柄のまとまり」という意味が理解できません。

そこで、次のように指導します。

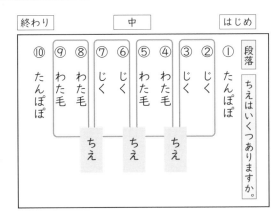

説明：説明文の段落は、中心となる「主語」が何かで分けられます。「たんぽぽのちえ」では、たんぽぽの何のこと（主語）が書いてあるかを考えるとよいのです。②③段落には、「じく」のことが書いてあります。④⑤段落には「わた毛」のことが書いてあります。そして、主語のまとまりごとに「ちえ」が書いてあるのです。

また、低学年の説明文の重点指導事項は、「順序」です。

順序には、「時間の順序」「事柄の順序」があります。

「たんぽぽのちえ」では、右図でも分かるように

時間の順序

で書かれています。

「春になると」「二、三日たつと」「やがて」「このころになると」……といった語句が「時間の順序」を表すことに気づかせることは、とても重要です。

「まず」「次に」のような「事柄の順序」と違って、低学年では「時間を表す語句」が分かって使えるということは、とても難しいことです。年間を通して日記などで指導したり、日記などで使っていたら取り上げて広げたりという地道な指導が必要になります。

スキル4：図表・グラフ

教科書のイラストは、活用が必要となります。

最初のイラストでは、

> 花
> 花のじく

がどこなのかを確認します。

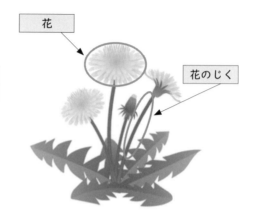

> 指示：「花」を１つ丸で囲みなさい。（確認）
> 指示：「花」と書きましょう。

> 指示：「花のじく」を１つ丸で囲みなさい。（確認）
> 指示：「花のじく」と書きましょう。

教科書のイラストと対応する段落の一覧は、次のとおりです。

イラストのページ	対応する段落	具体的な指導内容
P43	①	「花」「花のじく」を丸で囲ませて確認する。
P44	②	「黒っぽい色」「ぐったり」を絵と対応させる。
P45	⑥	「せのびをするように」を動作化させる。
P47	⑨	「すぼむ」は、ぜひイラストと対応させる。
	⑩	丸で囲ませる語句と絵を線で結ばせる。

P47には、晴れた日のわた毛と雨の日のわた毛のイラストが描かれています。雨の日のわた毛は、⑨段落と「すぼむ」と対応させます。両方のわた毛は、⑩段落と対応させます。

スキル5：説明の型

説明の型は、

尾括型

です。

ただし、「尾括型」という学習用語を低学年に指導する必要はありません。

教師が教材分析の視点として知っておけばよいと思います。

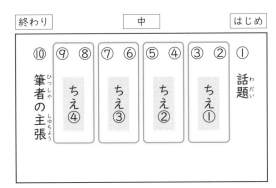

スキル6：筆者の主張

低学年には「筆者の主張」という学習用語は使わず、「筆者が一番伝えたかったこと」という表現でよいと思います。

筆者の主張については、右図のように「このように」という語句に着目させます。

ほとんどの説明文のまとめには、「このように」が使われていますので、重要語句です。

最後に⑩段落の二文を一文にリライトさせます。2年生には難しい作業なのですが、左下図のように空欄をつけると、熱中して考えます。

「このように」は、まとめる時に使う言葉だよ。筆者の主張もここに書いてあるよ。

⑩このように、たんぽぽは、いろいろな　ちえを　はたらかせて　います。そうして、あちらこちらに　たねを　ちらして、あたらしい　なかまを　ふやして　いくのです。

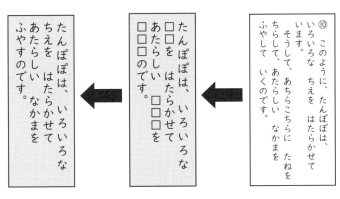

たんぽぽは、いろいろなちえを　はたらかせてあたらしい　なかまをふやすのです。

←

たんぽぽは、いろいろな□□を　はたらかせて□□□　あたらしい□□□の□□□のです。

←

⑩このように、たんぽぽは、いろいろな　ちえを　はたらかせて　います。そうして、あちらこちらに　たねを　ちらして、あたらしい　なかまを　ふやして　いくのです。

4 どうぶつ園のじゅうい（2年）

読解スキル7による教材分析と指導のポイント

スキル0：前提となる情報（音読・知識・スキーマ）

低学年の説明文の素材として多いのが、「動物」です。ここでは、子供たちが動物園等で知っている動物が紹介されていますので、事前に情報を与える必要はないでしょう。

スキル1：題名

「話題」が題名です。しかし、「どうぶつ園のじゅうい」という題名からだけでは、どのような内容が書かれているかを予想することは難しいでしょう。そこで、①段落を読ませて予想させるとよいでしょう。

スキル2：文章構成

「はじめ」「中」「終わり」の構成です。①段落に「獣医の仕事」の定義が書かれています。「中」は、「時間の順序」にそって説明されています。ここで「獣医の仕事はいくつありますか」という発問は、内容を読解する上で重要です。また、「毎日する仕事とこの日だけの仕事に分けなさい」という発問も重要です。

スキル3：トピックセンテンス

各段落の一文目には、「時間」を表すことが書いてあります。したがって、「時間の順序」を把握させるのに効果的です。しかし、内容の大体を把握させるためには、各段落の冒頭の二文をつなげて読ませる方が効果があります。トピックセンテンスの応用編という位置付けになります。

スキル4：図表・グラフ

まず、写真と段落を対応させます。次に、写真を説明させます。「獣医さんが、……をしている写真です。」のようにアウトラインを示します。「………」の部分を考えるには、本文を読むしかありません。これは、効果があります。

スキル5：説明の型

「時系列型」です。獣医さんの仕事が時間の順序に説明されています。

スキル6：筆者の主張

「時系列型」なので、筆者の主張は明確には書いてありません。しかし、「お風呂に入るのは獣医さんの仕事ですか。」「動物園で仕事をしているのは獣医さんだけですか。」という発問は、内容を読み取るために必要です。

スキル7：要点・要約・要旨

本教材では指導の必要はありません。

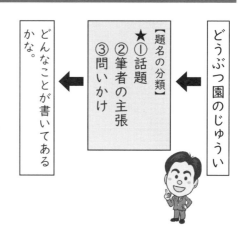

スキル1：題名

この題名は、3つの分類の「話題」に該当します。

したがって、子供たちには次のように発問します。

> 発問：題名からどんな疑問を持ちますか。

題名が「話題」の場合は、基本的に「どんなことが書いてあるのだろうか。」という発言が出るようになるとよいですね。

どうぶつ園のじゅうい

【題名の分類】
★①話題
②筆者の主張
③問いかけ

どんなことが書いてあるかな。

第2章　低学年教材で読み解く「読解スキル7」

スキル2：文章構成

全体の文章構成は、「はじめ」「中」「終わり」です。

おわり	中							はじめ
⑨	⑧	⑦	⑥	⑤	④	③	②	①
	どうぶつ園を出る前	一日のしごとのおわりに	夕方	お昼すぎ	お昼前	見回りがおわるころ	朝	時間のながれ
ようやく長い一日がおわります。							しごとの内よう	わたしのしごとを書いてみましょう。
	毎日	毎日	ある日	ある日	ある日	ある日	毎日	いつ

「時間の順序」を表す言葉は、上図のように確定させます。また、「いつ」という視点で「毎日」の仕事なのか、「ある日」の仕事なのかも検討させます。

41

先述したのは「全体の構成」でしたが、段落の構成にも目を向ける必要があります。それは、次の場合です。

毎日の仕事

②段落、⑦段落、⑧段落がそれに該当します。

段落の関係は次のようになります。

仕事ー理由

おわり	中								はじめ
⑨	⑧	⑦	⑥	⑤	④	③	②		①
ようやく長い一日がおわります。	どうぶつ園を出る前	一日のしごとのおわりに	夕方	お昼すぎ	お昼前	見回りがおわるころ	朝	時間のながれ	わたしのしごとを書いてみましょう。
								しごとの内よう	
	毎日		ある日	ある日	ある日	ある日	毎日	いつ	

②段落を具体的に示したのが右の図です。

> 仕事：朝、わたしのしごとは、どうぶつ園の中を見回ることからはじまります。
> 理由：なぜかというと、………………………からです。

仕事とその理由

なぜかというと、～からです。

毎日する仕事に関しては、この構造で書かれている。

② 朝、わたしのしごとは、どうぶつ園の中を見回ることからはじまります。なぜかというと、元気なときのどうぶつのようすを見ておくと、びょうきになったとき、すぐに気づくことができるからです。また、ふだんからわたしの顔を見せて、なれてもらうという大切なりゆうもあります。

⑦段落は、

> 仕事：一日のしごとのおわりには、きょうあったできごとや、どうぶつを見て気がついたことを、日記に書きます。
> 理由：毎日、きろくをしておくと、つぎに同じようなびょうきやけががあったとき、よりよいちりょうをすることができるのです。（～できるからです。）

⑧段落は、

> 仕事：どうぶつ園を出る前には、かならずおふろに入ります。
> 理由：どうぶつの体には、人間のびょうきのもとになるものがついていることがあります。（～あるからです。）

このように段落の関係が分かると、「おふろに入ることは仕事なのか」という発問が必要になることになります。

スキル３：トピックセンテンス

トピックセンテンスを以下に並べてみます。

一読すると分かるように、これでは内容の大体を把握することはできません。

つまり、獣医さんがどんな仕事をしたのかが分からないのです。

確かに、「毎日」の仕事である②、⑦、⑧段落では仕事の内容が分かります。

しかし、「その日」だけの仕事である③、④、⑤、⑥段落は、「時間の順序」が書かれているだけで、仕事の内容が分からないのです。

したがって、この説明文ではトピックセンテンスの指導は効果がありません。

① わたしは、どうぶつ園ではたらいているじゅういです。

② 朝、わたしのしごとは、どうぶつ園の中を見回ることからはじまります。

③ 見回りがおわるころ、しいくいんによばれました。

④ お昼前に、どうぶつ園の中にあるびょういんにもどりました。

⑤ お昼すぎには、ワラビーの家に行くことになりました。

⑥ 夕方、しいくいんさんから電話がかかってきました。

⑦ 一日のしごとのおわりには、きょうあったできごとや、どうぶつを見て気がついたことを、日記に書きます。

⑧ どうぶつ園を出る前には、かならずおふろに入ります。

⑨ これで、ようやく長い一日がおわります。

第2章 低学年教材で読み解く「読解スキル7」

そこで、「その日」だけの仕事である③④⑤⑥段落を「二文目」まで書いてみると、獣医さんがどんな仕事をしようとしているかが分かります。

二文目までを書くと分かる。

③ 見回りがおわるころ、しいくいんさんによばれました。いのししのおなかに赤ちゃんがいるかどうか、みてほしいというのです。

④ お昼前に、どうぶつ園の中にあるびょういんにもどりました。すると、けがをしたにほんざるがくすりをのまないと、しいくいんさんがこまっていました。

⑤ お昼すぎには、ワラビーの家に行きました。はぐきがはれているワラビーが見つかったので、きょう、ちりょうをすることになっていたのです。

⑥ 夕方、しいくいんさんから電話がかかってきました。ペンギンが、ボールペンをのみこんでしまったというのです。

43

スキル４：図表・グラフ

「どうぶつ園のじゅうい」には、動物の画像が掲載されています。

その画像から何を読み取るかが、重要な学習内容となります。それが、

画像読解

と呼ばれるものです。

本教材の学習の方向性は、「獣医は、どのような仕事をしているのか。」ということです。

① この画像は、何段落と対応していますか。

② この画像に見出しを付けましょう。

したがって、画像読解の視点は、次のようになります。

この画像は、獣医さんがどんな仕事をしている画像なのか。

例えば、P113 の画像は、③段落に対応しています。

この見出しを考えさせる時には、次のように発問します。

発問：この写真（画像）は、何をしている写真でしょうか。
指示：「……をしている写真」とノートに書きなさい。答えは③段落の中の言葉を使って書きなさい。

答えは、次のようになるでしょう。

③段落：いのししのおなかに赤ちゃんがいるかどうかをみている写真。

残りの写真（画像）についても、同様に考えさせます。

答えは、必ず教科書の該当段落の中の言葉を使って考えさせます。

P119 の写真：にほんざるにくすりをのませてる写真。
P120 の写真：ワラビーのはぐきのちりょうをしている写真。
P121 の写真：ペンギンがのみこんだボールペンをはかせている写真。
P122 の写真：きょうあったできごとや気がついたことを日記に書いている写真。

スキル5：説明の型

「頭括型」「尾括型」「双括型」ではなく、低学年に特有の「時系列型」だと言えます。

動物園での獣医さんの仕事が、朝から夕方にかけて時系列で説明されているからです。低学年の場合は、この用語を含めて指導する必要はありません。教師の教材研究の観点として知っておけばよいでしょう。

> ### 時系列型
>
> 時間や事柄の流れに沿って、説明が順序よくつながっているもの。

スキル6：筆者の主張

「時系列型」ですから、筆者の主張は述べられていません。

しかし、説明してある獣医さんの仕事の内容を読み取ればそれでよいということではありません。2年生ですから、筆者の主張に近づくための発問をすることが重要です。

次のような発問があります。（『フレームリーディングで説明文の授業づくり』青木伸生、明治図書）

> 発問：獣医さんは、この日にいくつの仕事をしていますか。
> 発問：（その中で）仲間外れの仕事はどれですか。
> 発問：一番大切な仕事はどれですか。
> 発問：動物園で仕事をしている人は、獣医さんだけかな。

「小学校学習指導要領国語編」5、6年生「情報」の中に次のような記述があります。

> 複数の語句を丸や四角で囲んだり、語句と語句を線でつないだりするなど、図示することによって情報を整理する

「丸や四角で囲む」
「語句と語句を線でつなぐ」
これは、複数の情報を読解する際に、極めて重要な作業です。
「読解スキル7」の中でも、「図表・グラフ」の読解スキルとして以下のような指導例を挙げています。

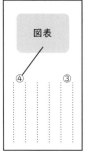

この図表は、何段落と対応していますか。

対応する図表・グラフと段落を線でつながせるのです。左のように線でつなぐことで、「視覚化」されます。
どの段落の説明をしているのかが、はっきりと分かります。
この実践を低学年で活用した先生から報告がありました。

> うまく線でつなげない子供がいる。

線でつなげない子供がいた場合、その場でどのように対応すればよいのかが問われます。
低学年に限らず、支援を要する子供たちの中には、手先が器用ではなく、このような作業がうまくできない事例が多くあります。
私が授業をする場合は、飛び込み授業なのでワークシートを使用します。したがって、ものさしで線を引くという作業はやりやすいのです。
しかし、現場では教科書に線を引かせることが多くなります。
当然、線を引くには不安定な状況です。
線がうまく引けない子供がいて当たり前なのです。
私はこの先生の報告を受けてしばらく考え、次のように返信しました。

> ものさしで線が引けないのであれば、指で線をひかせてはどうでしょうか。

「指で線を引かせる」
このような工夫をしながら「読解スキル7」を一人も取り残すことのない指導へと改善していくことが大切なのです。

第3章

中学年教材を読み解く 「読解スキル7」

1 すがたをかえる大豆（3年）

読解スキル7による教材分析と指導のポイント

スキル0：前提となる情報（音読・知識・スキーマ）

「大豆」に関する3年生の子供の知識・体験は、「豆まき」程度です。そういう意味で「大豆」がさまざまな形で食されるということを認識させるのは、他の素材への発展や食に対する認識を広げる上でも価値のあることです。

スキル1：題名

「話題」が題名です。まず、「だいず」と「すがたをかえる」が結びつかないでしょう。大豆が姿を変えるってどういうことなのだろう、という疑問を持ちます。また、どのように姿を変えるのだろう、という疑問も持ちます。この2つが読みの方向性となります。

スキル2：文章構成

「はじめ」「中」「終わり」の構成です。特に「中」「終わり」は、段落冒頭の語句「次に」「このように」等の指導が可能です。また、問いの文が記述されていませんので、問いの文を作る指導も可能です。さらに、「文章構造図」の指導も可能です。

スキル3：トピックセンテンス

以前から本教材は、トピックセンテンスの整合性が高く評価されていました。ポイントは、「はじめ」の②段落のリライトです。それによって、トピックセンテンスの効果が実感できます。

スキル4：図表・グラフ

本教材では、「写真」が使われています。通常は、対応する段落はどれかを検討させて線で結ばせますが、ここでは、「写真に名前を付けさせる」指導が効果的です。特に「大豆」と「ダイズ」の違いは重要です。

スキル5：説明の型

「尾括型」です。⑧段落の冒頭「このように」で分かります。説明文のまとめの段落では、ほぼ全てで「このように」が使われています。

スキル6：筆者の主張

⑧段落に筆者の主張が書いてあります。どの文に書いてあるかを確定する学習が重要です。まず、いくつの文があるかを作業で確かめます。次に、何文目に筆者の主張が書いてあるかを検討します。これは、主語で分かります。主張ですから、主語は「私は」「私たちは」のいずれかになります。

スキル7：要点・要約・要旨

本教材では指導の必要はありません。

スキル1：題名

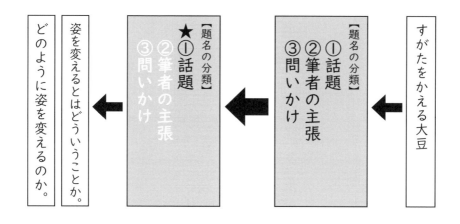

説明文の題名は、次の3つに分類できます。

①話題例：じどう車くらべ、ありの行列　等
②筆者の主張例：固有種が教えてくれること、時計の時間と心の時間　等
③問いかけ例：食べるのはどこ、アメンボはにん者か　等

「すがたをかえる大豆」は、「話題」です。
　しかし、子供達の中には必ずと言ってよいほど、「③問いかけ」だと答える子供がいます。これは、教師が知っておくべきことです。私も最初は驚きましたが、子供には子どもの論理があります。「どうしてそう思ったの？」と聞いてみてください。「ここでは、話題で題名の読み方の練習をしますね。」と言って進めます。

発問：この題名からどのような疑問を持ちますか。
指示：お隣同士で話してごらん。（ノートに書かせてもよし）

　最初の指導では、題名から疑問を持つこと自体の学習経験がない場合がほとんどですから、キョトンとする子供もいます。そのような中で挙手をして発言する子供を褒めながら次々に発言を引き出していくと、次の2つに集約できます。

①大豆が姿を変えるってどういうことなのか。
②大豆はどのように姿を変えるのか。

　これが読みの方向性となります。このように題名から疑問を考え、読みの方向性を自ら掴む力が「読解スキル7」ではつくのです。

スキル２：文章構成

(1)「はじめ」「中」「終わり」の構成

　本教材は、説明文の典型的な構成である３構成です。中学年の重要な学習内容である「段落相互の関係」を学ぶ上でも、このように明確な構成の教材は優れた教材であると言えます。

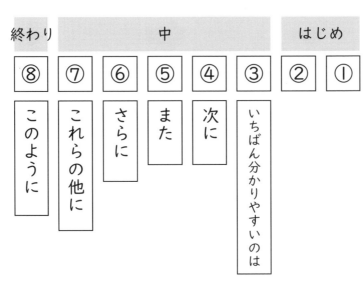

終わり	中					はじめ	
⑧	⑦	⑥	⑤	④	③	②	①
このように	これらの他に	さらに	また	次に	いちばん分かりやすいのは		

(2)問いの文を作る

　文章構成の学習として、「問いと答えの対応」は原則です。

　本教材では、問いの文がありません。そこで、次の発問が必要となります。

> 発問：問いの一文を作りなさい。

　「中」では、大豆をおいしく食べる工夫が説明されていますから、「はじめ」ではそれに対する問いの文が必要となります。

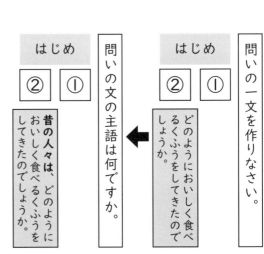

問いの一文を作りなさい。

はじめ	
②	①

どのようにおいしく食べるくふうをしてきたのでしょうか。

問いの文の主語は何ですか。

はじめ	
②	①

昔の人々は、どのようにおいしく食べるくふうをしてきたのでしょうか。

前ページの右図にあるように、次のような一文になります。

> 問いの文：どのようにおいしく食べるくふうをしてきたのでしょうか。

この問題は、教科書の学習の手引きにもあります。

ここで大事なのは、「主語」です。

次のように発問します。

> 発問：問いの文の主語は何ですか。

ここで初めて、教科書をしっかり読み始めます。

「わかった！」という声があがるでしょう。

「昔の人々は」が主語となります。

> 問いの文：昔の人々は、どのようにおいしく食べるくふうをしてきたのでしょうか。

⑶具体例の順序の工夫

本教材では、大豆がどのように姿を変えるのかの具体例が説明されています。

その「順序」には、筆者の工夫があります。そのような工夫を読み取ることは、子供たちが説明文を書く上でも役立ちます。本教材の場合は、「易」から「難」の順に説明されています。（以下の資料は、青木伸生氏が作成されたものです。）

終わり	中					はじめ		具体例の順序の工夫は？
⑧	⑦	⑥	⑤	④	③	②	①	
れる 大豆のよいところに気づき、食事に取り入れてきた昔の人々のちえにおどろかされる いろいろなすがたで食べられている大豆	取り入れる時期や育て方のくふう	目に見えない小さな生物の力をかりて、ちがう食品にするくふう	大豆にふくまれる大切なえいようだけを取り出して、ちがう食品にするくふう	こなにひいて食べるくふう	大豆をその形のままいったり、にたりして、やわらかくおいしくするくふう	昔からいろいろ手をくわえて、おいしく食べるくふうをしてきた大豆	いろいろな食品にすがたをかえているこ とが多いので気づかれない大豆	
もやし	えだ豆	なっとう みそ しょうゆ	とうふ	きなこ	に豆 いり豆			

（難 ←←←←←←←←←← 易）

⑷「工夫」は、何種類か

　大豆の姿を変えるための工夫が「中」で説明されていることは、先に述べました。

　右図のように、③～⑦段落で5つの工夫が説明されています。

　5つの工夫は数えれば分かります。

　そこで、文章構成をさらに深く読み取る上で次の発問が有効です。これは筑波大附属小の青木伸生氏の発問です。

（右上図の縦書き）
「中」の工夫は何種類に分けられるか。

③大豆をその形のままいったり、にたりして、おいしくするくふう
④こなにひいて食べるくふう
⑤大豆にふくまれる大切なえいようだけを取り出してちがう食品にするくふう
⑥目に見えない小さな生物の力をかりて、ちがう食品にするくふう
⑦取り入れる時期や育て方のくふう

CBA
132
種類種類種類

発問：「中」の工夫は、何種類に分けられますか。

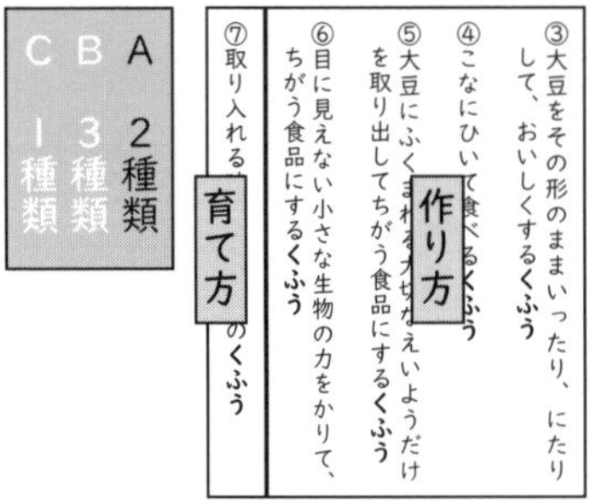

Aは、2種類に分ける考え方です。
　③～⑥段落の「いる・にる」「ひく」「取り出す」「かりる」は作り方であり、⑦段落は育て方の工夫であるという分類です。

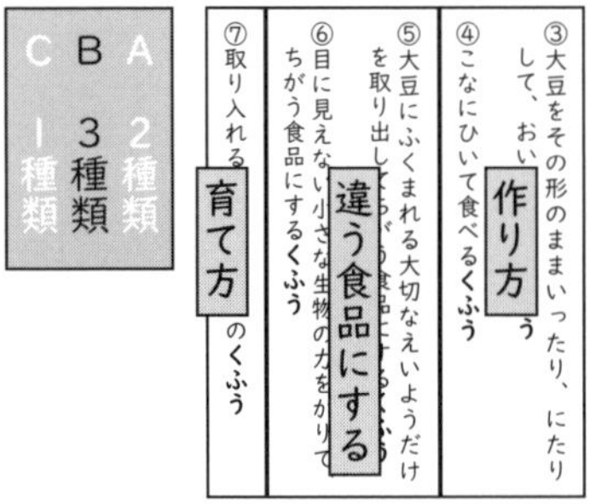

Bは、3種類に分ける考え方です。

　③、④段落は「作り方」の工夫であり、⑤、⑥段落は「違う食品にする」工夫、⑦段落は「育て方」の工夫であるという分類です。

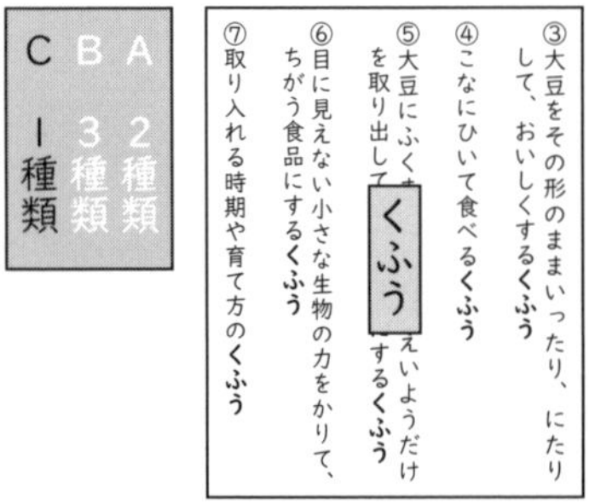

Cは、1種類に分ける考え方です。
　全てが「工夫」という考えで集約できるということです。

　いずれも分類の観点を学ぶという点で、それぞれの意見と根拠を交流させることに意味があります。分類は、メタ認知を高める上でも重要な学習であると言えます。

(5)文章構成と文章構造図

　「文章構成」というのは、「はじめ」「中」「終わり」を指します。

　一方、「文章構造図」というのは構造を表現する図ですから、以下のようになります。

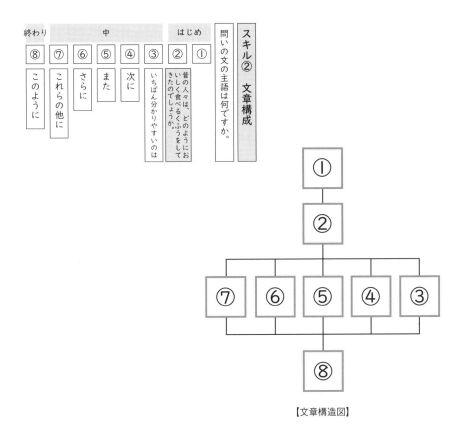

【文章構造図】

　このように文章構造図に表すと、「はじめ」「中」「終わり」を視覚的に捉えることができます。最もシンプルな文章構造図が上図の形です。この形の説明文をいくつか紹介しながら、子供に文章構造図を作らせる学習が必要となります。

　複数の教科書会社の教材を調べると、使えるものがあります。

　いくつか例を示します。

「ビーバーの大工事」（東京書籍2年）
「あなのやくわり」（東京書籍2年）
「うめぼしのはたらき」（教育出版3年）
「めだか」（教育出版3年）

スキル３：トピックセンテンス

本教材のトピックセンテンス（各段落の冒頭の一文）です。

一読してみて下さい。

つながりがしっくりこない段落があります。

① わたしたちの毎日の食事には、肉・やさいなど、さまざまなざいりょうが調理されて出てきます。

② 大豆は、ダイズという植物のたねです。

③ いちばん分かりやすいのは、大豆をその形のままいったり、にたりして、やわらかく、おいしくするくふうです。

④ 次に、こなにひいて食べるくふうがあります。

⑤ また、大豆にふくまれる大切なえいようだけを取り出して、ちがう食品にするくふうもあります。

⑥ さらに、目に見えない小さな生物の力をかりて、ちがう食品にするくふうもあります。

⑦ これらの他に、とり入れる時期や育て方をくふうした食べ方もあります。

⑧ このように、大豆はいろいろなすがたで食べられています。

つながりがしっくりいかないのは、①②段落ですね。

これをリライトする学習が必要です。

ここでは、②段落をリライトする指導法を紹介します。

1. ②段落が何文構成かを知る。（文ごとに「／」を書かせる）
2. 何文目がトピックセンテンスとして適切かを考える。（3と4文目）
3. 2つの文がある場合は、指示語が指す言葉を入れて一文にする。（右図）
4. リライトした一文を入れて、トピックセンテンスを音読させる。

かたい大豆は、そのままでは食べにくく、消化もよくありません。

そのため、昔からいろいろ手をくわえて、おいしく食べるくふうをしてきました。

←

かたい大豆は、そのままでは食べにくく、消化もよくないため、昔からいろいろ手をくわえて、おいしく食べるくふうをしてきました。

リライトしたトピックセンテンスは、次のようになります。

リライトしたトピックセンテンスです。

① 大豆は、いろいろな食品にすがたをかえ
ていることが多いので、それほど食べら
れていることは意外と知られていません。

② かたい大豆は、そのままでは食べにくく、
消化もよくないため、昔からいろいろ手
をくわえて、おいしく食べるくふうをし
てきました。

③ いちばん分かりやすいのは、大豆をその
形のままいったり、にたりして、やわら
かく、おいしくするくふうです。

④ 次に、こなにひいて食べるくふうがあり
ます。

⑤ また、大豆にふくまれる大切なえいよう
だけを取り出して、ちがう食品にする
ふうもあります。

⑥ さらに、目に見えない小さな生物の力を
かりて、ちがう食品にするくふうもあり
ます。

⑦ これらの他に、とり入れる時期や育て方
をくふうした食べ方もあります。

⑧ このように、大豆はいろいろなすがたで
食べられています。

ここで終わりではありません。
この後の指導が重要なのです。

指示：リライトして、トピックセンテンスを読んでごらんなさい。
指示：気づいたことがある人は発表して下さい。

子供たちからは、
「分かりやすい」
という声が出るでしょう。

「トピックセンテンスだけをつなげて読むと、全体の内容が大体分かるのです。」と言っ
て、次のように指示します。

指示：○○さんに読んでもらいます。先生が何秒かかるか計ります。

大体、30秒程度で読むことが可能です。
最後の詰めです。情報処理能力についての説明です。

説明：全文を読むと5分以上かかります。でも、トピックセンテンスだけを読むと
30秒程度で読めます。限られた時間内で、全体の内容をつかむことができ
るのです。

スキル4：図表・グラフ

図表・グラフの指導の基本的な指導は、右図の2つです。

本教材では、写真が多く使用されています。

1つの写真が1つの段落と対応しているのではなく、1つの段落の中に紹介される食べ物が写真として紹介されています。

それは、大豆がどのように姿を変えるのかを視覚的に示すためだと考えられます。

そこで、次のように指導します。

①この画像は、何段落と対応していますか。

②この画像に見出しを付けましょう。

```
画像

見出し
```

```
画像
④      ③
```

発問：写真は何という植物や食べ物ですか。

本文を読みながら探させれば、すぐに分かります。

ここでポイントになるのは、P42とP43の2つの写真です。

②段落の次の文から判断することになります。

大豆は、ダイズという植物のたねです。

【大豆】(種子)

【ダイズ】(植物)

このような写真やイラスト等を教材文と関連させながら読ませる発問が、とても重要となります。

スキル5：説明の型

説明文は、筆者の主張がどこに書かれているかによって、「頭括型」「尾括型」「双括型」に大きく分けられます。本教材は、「尾括型」になります。

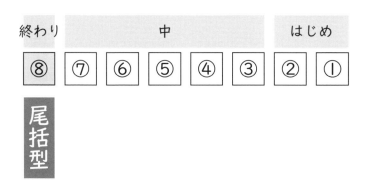

スキル6：筆者の主張

⑧段落から筆者の主張が書かれた文がどれかを考えさせます。

次のように指導します。

発問：⑧段落は何文でできていますか。
　　　（4文）
発問：筆者の主張は、何文目ですか。
　　　（4文目）

筆者の主張がどれにあたるのかは、原則として主語から分かります。

つまり、筆者の主張ですから、主語は「私は」「私たちは」となるのです。

このような視点で⑧段落の4つの文の主語を見てみます。

第一文：大豆は、
第二文：食べ方がくふうされてきたのは、
第三文：食べ方がくふうされてきたのは、
第四文：私は、（★筆者の主張）

筆者の主張は、原則として「主語」で判断する。

スキル7：要点・要約・要旨

「要点」については、白石範孝氏の定義が実践的です。（第1章参照）

白石範孝氏（明星大学教授）は、次のように定義しています。

> 要点：形式段落レベルを短くまとめた内容。文末を体言止めにすることで主語連鎖が分かる。
>
> （『白石範孝の「教材研究」―教材分析と単元構想―』東洋館出版社、P24）

定義の「形式段落レベルを短くまとめた内容」のみを取り上げると、トピックセンテンスと同義だと考えることもできます。

指導の必要はありませんが、教材研究として紹介します。

白石氏の定義に基づいて本教材の要点を次のようにまとめました。

①いろいろな食品にすがたをかえていることが多いので気づかれない大豆

②昔からいろいろ手をくわえておいしく食べるくふうをしてきた大豆

③大豆をその形のままいったり、にたりして、おいしくするくふう

④こなにひいて食べるくふう

⑤大豆にふくまれる大切なえいようだけを取り出してちがう食品にするくふう

⑥目に見えない小さな生物の力をかりて、ちがう食品にするくふう

⑦取り入れる時期や育て方のくふう

⑧大豆のよいところに気づき、食事に取り入れてきたおどろかされる昔の人々のちえ

【要点のまとめ方】

①形式段落の文の数を数える。

②トピックセンテンスを見つける。

③主語を確認する。

④主語を文末にしてまとめる。

2 ありの行列 (3年)

読解スキル7による教材分析と指導のポイント

スキル0：前提となる情報（音読・知識・スキーマ）
「ありの行列」には、読解の前提となる知識・体験が2点あります。1つは、「ありは目がよく見えない。」ということです。もう1つは、「ありは集団生活を営む。」ということです。実際にありの行列を見た経験も重要です。

スキル1：題名
「話題」が題名です。「ありの行列」を見たことがある子供は多いと思われます。したがって、題名からだけでは読みの疑問は起こりにくいのです。扉のページには、「どんなことが書かれているでしょうか。」と書いてあります。「話題」自体が既知である場合は、書かれている内容に注目させます。

スキル2：文章構成
「はじめ」「中」「終わり」の構成です。本教材では、「はじめ」に全体を貫く問いが書かれてあり、その答えが「終わり」に書かれています。「中」には「はじめに」「次に」のような語があり、段落相互の関係が捉えやすくなっています。

スキル3：トピックセンテンス
本教材もトピックセンテンスの整合性がとれた説明文です。しかし、「はじめ」にあたる①、②段落のリライトが必要です。日本の説明文は、「はじめ」のトピック・センテンスに課題がある例が多いのです。

スキル4：図表・グラフ
本文の内容が焦点化されたイラストが効果的です。イラストを読解する上では、「ものがよく見えない」「においをたどる」ことを考慮の上で読み取る必要があります。また、どの方向に向かっているかは、見落としがちです。

スキル5：説明の型
「尾括型」です。①段落に問いがあり、⑨段落に答えがあります。問いと答えが対応している、論理的な文章となっています。

スキル6：筆者の主張
⑨段落に筆者の主張が記述されています。一文で記述されていますので、子供たちにとっても分かりやすいと言えます。

スキル7：要点・要約・要旨
本教材の「要点」は、リライトしたトピックセンテンスと同義として指導します。

スキル０：前提となる情報

以下の２点については、教師の教材研究として理解しておく必要があります。

なぜ、ありの行列ができるのか。

→ 前提となる情報

① ありは集団生活を営む。
えさを運ぶという共通の目的

② ありは目がよく見えない。

「説明的文章の研究と実践」より

「説明的文章の授業研究論」より

S61改訂で改善

①夏になると、庭や公園のすみなどで、ありの行列を見かけることがあります。その行列は、ありの巣から、えさのある所まで、ずっとつづいています。ありは、ものがよくみえません。それなのに、なぜ、ありの行列ができるのでしょうか。

子供には、「集団生活を営む」という観点については、指導する必要はありません。３年生にとっては、難しい内容です。

なぜ、ありの行列ができるのか。

→ 前提となる情報

「説明的文章の研究と実践」より

問題提示文「ありの・・・なぜできるのでしょうか。」に対して、本文は行列の説明でなく、道すじの説明になっている。この問題の解決の方法として、問題提示文に合致するような説明をしなくてはならないという考えと、問題提示文を書き替えるという考えとがあるが、ここでは、前者について取り上げたい。

なぜありが行列を作るのかを説明するために必要な情報（ありが集団生活を営むこと）が、本教材には欠落している。ありには目があるのによく見えないという情報が必要であるのに、それが欠落していることを指摘している（六一年度版で改善）。確かに、ありは目が見えないという生理的な必要から、道しるべフェロモンは説明できるであろう。しかし、それでは、道すじの説明はできても、行列を作る理由の説明はつかない。

渋谷孝氏は、『説明的文章の授業研究論』において、

（一〇九頁）

スキル1：題名

本教材の題名は、「話題」にあたります。

「ありの行列」という題名は、子供にとっても既知の知識です。したがって、「この題名から疑問に思うことはありませんか。」と問うても、子供は何を答えてよいか分からない状態になります。

そこで、教科書の扉のページを読み、学習の見通しを持たせるようにします。

扉ページ

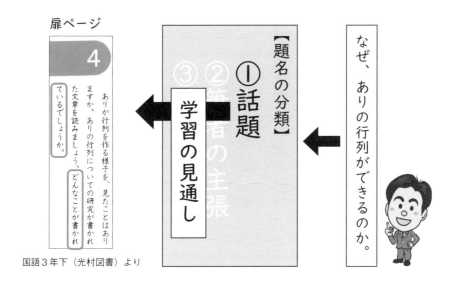

国語3年下（光村図書）より

スキル2：文章構成

右図のように「はじめ」「中」「終わり」で構成されています。

また、全体を貫く問いが①段落にあり、その答えが⑨段落にあります。

シンプルで分かりやすい文章構成になっています。「中」にも各段落の冒頭に「はじめに」「次に」「そこで」「この研究から」「このように」とあり、段落相互の関係が捉えやすくなっています。

スキル３：トピックセンテンス

本教材もトピックセンテンスの整合性がとれた説明文ですが、「はじめ」の部分のつながりに課題があります。だからこそ、リライトの指導が生きてきます。

> つながりがよくないのは、「はじめ」「中」「終わり」のどれですか。
>
> ① 夏になると、庭や公園のすみなどで、ありの行列を見かけることがあります。
>
> ② アメリカに、ウィルソンという学者がいます。
>
> ③ はじめに、ありの巣から少しはなれた所に、ひとつまみのさとうをおきました。
>
> ④ 次に、この道すじに大きな石をおいて、ありの行く手をさえぎってみました。
>
> ⑤ これらのかんさつから、ウィルソンは、はたらきありが、地面に何か道しるべになるものをつけておいたのではないか、と考えました。
>
> ⑥ そこで、ウィルソンは、はたらきありの体の仕組みを細かに研究してみました。
>
> ⑦ この研究から、ウィルソンは、ありの行列のできるわけを知ることができました。
>
> ⑧ はたらきありは、えさを見つけると、道しるべとして、地面にこのえきをつけながら帰るのです。
>
> ⑨ このように、においをたどって、えさの所へ行ったり、巣に帰ったりするので、ありの行列ができるというわけです。

次のように授業をします。

> 発問：①段落は何文で構成されていますか。
> 指示：文の数を声に出しながら「いち、に」と「。」の部分に「／」を書きなさい。

これで、４文だということが確定できます。全員一斉にこの作業が終了します。

声に出しながら文を数えさせる指導が肝です。

指示語指導の３つのステップは、極めて重要です。丁寧に確実に、スキルとして身につくまで繰り返し指導します。

★「答えを見つける」→「当てはめて一文を読む」→「意味が通じれば正解」

> 発問：①段落のトピックセンテンスは、何文目ですか。（４文目）
> 発問：「それ」が指す言葉は何ですか。（ありは、ものがよく見えない）
> 指示：その言葉を「それ」に当てはめて、４文目を音読しなさい。
> 説明：意味が通じたら正解です。

第3章　中学年教材で読み解く「読解スキル7」

「はじめ」の①、②段落をリライトしたトピックセンテンスが以下です。

> リライトしたトピックセンテンスです。
>
> ① ありは、ものがよく見えないのに、なぜ、ありの行列ができるのでしょうか。
>
> ② ウイルソンという学者は、次のような実験をして、ありの様子をかんさつしました。
>
> ③ はじめに、ありの巣から少しはなれた所に、ひとつまみのさとうをおきました。
>
> ④ 次に、この道すじに大きな石をおいて、ありの行く手をさえぎってみました。
>
> ⑤ これらのかんさつから、ウイルソンは、はたらきありが、地面に何か道しるべになるものをつけておいたのではないか、と考えました。
>
> ⑥ そこで、ウイルソンは、はたらきありの体の仕組みを細かに研究してみました。
>
> ⑦ この研究から、ウイルソンは、ありの行列のできるわけを知ることができました。
>
> ⑧ はたらきありは、えさを見つけると、道しるべとして、地面にこのえきをつけながら帰るのです。
>
> ⑨ このように、においをたどって、えさのある所へ行ったり、巣に帰ったりするので、ありの行列ができるというわけです。

このように、「はじめ」をリライトする学習を経験することで、トピックセンテンスのよさを実感することができます。

今回は、トピックセンテンスのリライト指導をまとめてみました。

> リライトの手順
>
> ① トピックセンテンス（冒頭の一文）を一覧にし、「音読」する。
>
> ② 「はじめ」「中」「終わり」からつながりのよくないパーツに分ける。
>
> ③ 抽出した段落に「／」をつけ、「文」に分ける。
>
> ④ 適切なトピックセンテンスを選ぶ。
>
> ⑤ 指示語（こそあど言葉）がある場合は、指し示す部分も含めてトピックセンテンスとする。

「読解スキル7」では、このようにスモールステップを検討することが可能となります。

通常の指導は、右図の２つです。

本教材では、この２つの応用編で授業をやってみます。

イラストは概略図で示します。実際の図は、教科書で確認して下さい。

本教材には、３つのイラストがあります。

まずは、P96〜P97のイラストです。

① この画像は、何段落と対応していますか。

画像

④　③

② この画像に見出しを付けましょう。

画像

見出し

発問：イラストは何段落のことを表していますか。（③段落）
指示：イラストと文を線で結びなさい。

次にイラストと文章を関連付けて読む発問です。

発問：ありは、A・Bのどちらの方向に歩いていますか。
指示：根拠を探して自分の考えを書きなさい。

【答えの構造】
私は、（A・B）だと考える。
その理由は、③段落（○頁、○行目に「　　　」と書いてあるから。
だから、私は（A・B）だと考える。

A

B

砂糖　　　　　　　　　　　　　　　　　巣穴

次にP98〜P99のイラストを使った授業です。

発問：イラストは④段落の何文目のことを表していますか。（1〜4文目）

発問：「ちりぢり」になっている所はどこですか。丸で囲みなさい。

砂糖　　　　　　ちりぢり　　　　　　　　　　　巣穴

最後に P100 のイラストを使った発問です。

発問：ありの行列は何列ですか。（一列 or 二列）

　教科書のイラストを見ると、一列に見えます。

　しかしよく見ると、巣穴から砂糖へ向いて歩いているありの行列と、砂糖から巣穴に戻ってきている行列の二列になっていることが分かります。

　しかも、巣穴に戻っているありは、砂糖をくわえていることも描かれています。これに気づいた子供は、感動します。

　そして、イラストの見方（画像読解）が変わってきます。

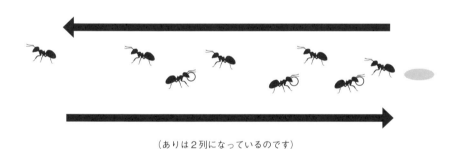

（ありは2列になっているのです）

スキル5：説明の型

本教材は、典型的な「尾括型」の説明文です。

文章構成でも扱ったように、①段落に全体を貫く問いがあり、最終⑨段落に問いに対する答えと筆者の主張が述べられています。

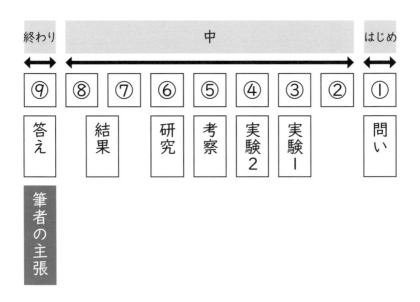

スキル6：筆者の主張

①段落の問いの文と⑨段落の答えの文は、以下のとおりです。

①段落：ありは、ものがよく見えないのに、なぜ、ありの行列ができるのでしょうか。

⑨段落：このように、においをたどって、えさの所へ行ったり、巣に帰ったりするので、ありの行列ができるというわけです。（筆者の主張）

スキル7：要点

「要点」については、白石範孝氏の定義が実践的です。（第1章参照）
白石範孝氏（明星大学教授）は、次のように定義しています。

> 要点：形式段落レベルを短くまとめた内容。文末を体言止めにすることで主語連鎖
> が分かる。
>
> （『白石範孝の「教材研究」―教材分析と単元構想―』東洋館出版社、P24）

定義の「形式段落レベルを短くまとめた内容」のみを取り上げると、トピックセンテンスと同義だと考えることもできます。

3年生段階であることを考えると、それでもよいと思います。

①ありは、ものがよく見えないのに、なぜ、ありの行列ができるのでしょうか。

②ウイルソンという学者は、次のような実験をして、ありの様子をかんさつしました。はじめに、ありの巣から少しはなれた所に、ひとつまみのさとうをおきました。

③次に、この道すじに大きな石をおいて、ありの行く手をさえぎってみました。

④これらのかんさつから、ウイルソンは、はたらきありが、地面に何か道しるべになるものをつけておいたのではないか、と考えました。

⑤そこで、ウイルソンは、はたらきありの体の仕組みを細かに研究してみました。

⑥この研究から、ウイルソンは、ありの行列のできるわけを知ることができました。

⑦はたらきありは、えさを見つけると、道しるべとして、地面にこのえきをつけながら帰るのです。

⑧このように、においをたどって、えさの所へ行ったり、巣に帰ったりするので、ありの行列ができるというわけです。

3 思いやりのデザイン（4年）

読解スキル7による教材分析と指導のポイント

スキル0：前提となる情報（音読・知識・スキーマ）

　　１学期最初の説明文教材です。練習教材ですから、基本的なスキルを学ぶために設定されています。新たな語句として「インフォグラフィックス」がありますが、本文を読む中で理解できる概念です。

スキル1：題名

　　「筆者の主張」が題名です。題名から「どんなことが書かれているか」を予想させます。大きく２つが考えられます。１つは、「筆者の主張」から考える。２つは、書かれている内容から考える。この２つを観点として書かれていることを予想させます。

スキル2：文章構成

　　「はじめ」「中」「終わり」の構成です。「中」の形式段落は「主語」によって段落分けがなされるということが分かります。これは、説明文の段落指導において極めて重要な内容です。浜本純逸氏が主張されました。

スキル3：トピックセンテンス

　　本教材もトピックセンテンスの整合性がとれた説明文です。しかし、「はじめ」にあたる①段落のリライトが必要です。①段落をリライトすることですっきりします。

スキル4：図表・グラフ

　　２つの案内図が使用されています。図表・グラフの指導の原則に沿って「対応する段落はどれか」「見出しを付けよう」と指導します。本教材では、「見出しを付ける」指導のステップを紹介しています。

スキル5：説明の型

　　「双括型」です。「はじめ」の②段落、「終わり」の⑤段落に筆者の主張が述べられています。

スキル6：筆者の主張

　　②段落と⑤段落に筆者の主張が述べられています。双括型の場合は、最初の主張と最後の主張は、全く同じになるわけではありません。最初の主張に＋αしたものが、最後の主張となります。

スキル7：要点・要約・要旨

　　本教材では、「要約」指導をすることになります。学習指導要領によると、形式段落ごとの要約ではなく、全文を要約することが求められています。教科書のお手本を基に、指導のステップを紹介します。

スキル1：題名

　本教材が、題名の3つの分類のどれに該当するかを問うと、「話題」と「筆者の主張」に分かれます。これは、どちらかに決める必要はありません。

> 題名からどんなことが書いてあるのか、どんな疑問を持ったかが重要です。

「話題」だと考えると

> 「思いやりのデザイン」ってどんなことなんだろう

という疑問を持つでしょう。

　また、「筆者の主張」だと考えると

> 筆者は何を伝えたいのだろう

という疑問を持つでしょう。

　そのような疑問が、読みの方向性（学習のねらい）を決めることになります。

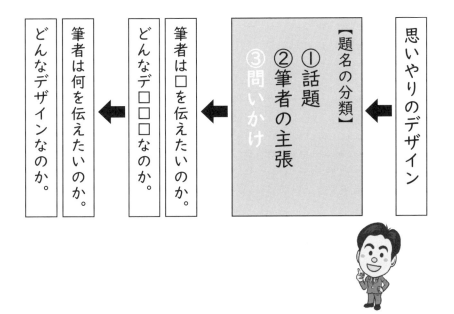

　学校をあげて「題名」の読解スキルを指導すると、子供たちは常に題名を読むようになり、疑問や書いてあることを予想しながら本文を読み進めます。

　目的意識を持って読むことが、読解力育成の基本です。

スキル2：文章構成

本教材は、「はじめ」「中」「終わり」の構成です。

「中」の段落は、③④段落です。ここで、段落とは何かということを指導します。

従来は、「事柄のまとまり」という説明でした。しかし、これは、子供にとって分かりにくいものです。

このことを端的に整理されたのが浜本純逸氏でした。

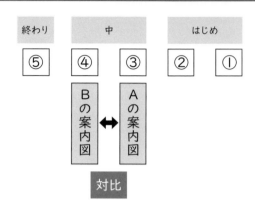

『国語教育基本論文集成16巻』（明治図書）の中にある浜本純逸氏の「国語科教育第35集」（昭和63年3月全国大学国語教育学会）の「説明的文章の構造と文学作品の構造」という論文です。（Googleスカラーから「浜本純逸」で検索すると原稿が読めます。）

その中で、浜本氏は、次のようなことを述べています。

> 説明的文章は「題述」の語句が変わり、「叙述」の語句は変わらない

つまり、段落は「主語」が変化することで新たな段落が必要となる、ということです。本教材の場合は、次のようになります。

> ③段落：Aの案合図は
> ④段落：Bの案内図は

ここで、もう一つ重要なことに触れておきます。

> 段落番号を書く位置

左のように、書き出しの「学」から一字空けた位置に「①」と書いてあります。段落番号が教科書に書かれるようになったのは、1980年代です。光村図書が最初です。

当初は、「学」のすぐ上に「①」と書いてありました。それが、現在では、左のように一字空けた位置に書いてあります。これは、段落番号を視覚的に見やすくするためだと考えられます。

現在、4社中3社の教科書が、このように一字空けた位置に書いてあります。

スキル3：トピックセンテンス

原則として、段落の冒頭の一文にその段落で言おうとすることが書いてあります。

その一文のことを「トピックセンテンス」と言います。

つまり、全文を読む前にトピックセンテンスだけを読むと、内容の大体を把握することができるのです。

私は、これを情報処理能力のスキルとしてお話ししています。

全国行脚の中でも、多くの先生が納得され、驚かれています。

しかし、この中につながりのよくない段落が存在します。

日本語の特徴もあって、どうしても「はじめ」の段落のトピックセンテンスのつながりがよくないのです。

右図の場合は、①段落と②段落のつながりです。

そこで、リライトの指導が必要となります。

> ⑤このように、インフォグラフィックスを作るときには、相手の目的に合わせどう見えると分かりやすいのかをどう考えながらデザインすることが大切です。
>
> ④いっぽう、Bの案内図は、目的地までの道順と目印になる建物だけを表しています。
>
> ③Aの案内図は、どこにどんな建物があるかを、だれが見ても分かるように表しています。
>
> ②わたしには、インフォグラフィックスを大切にしていることがあります。
>
> ①学校の中に、トイレやひじょう口の場所を知らせる絵文字、校内の案内図、手のあらい方の説明図などがあるでしょう。

指示：①段落は、何文で構成されていますか。（三文）（文ごとに「／」を書く）
発問：適切なトピックセンテンスは、何文目ですか。（二文目）

二文目の冒頭は「それら」とあります。

そこで、指示語が何を指すのかを代入します。

そうすると、次のようになります。

> トイレやひじょう口の場所を知らせる絵文字、校内の案内図、手のあらい方の説明図などのように、伝えたいことを、絵や図、文字を組み合わせて見える形にしたものを、インフォグラフィックスといいます。

> ①学校の中に、トイレやひじょう口の場所を知らせる絵文字、校内の案内図、手のあらい方の説明図などがあるでしょう。／それらのように、伝えたいことを、絵や図、文字を組み合わせて見える形にしたものを、インフォグラフィックスといいます。／これは、インフォメーション（伝えたいこと）と、グラフィックス（形にすること）を合わせた言葉で、デザインの一つです。／

①段落のトピックセンテンスをリライトしたものが以下です。

①トイレやひじょう口の場所を知らせる絵文字、口内の案内図、手のあらい方の説明図などのように、伝えたいことを、絵や図、文字を組み合わせて見える形にしたものを、インフォグラフィックスといいます。

②わたしたちには、インフォグラフィックスを作るときに、大切にしていることがあります。

③Aの案内図は、どこにどんな建物があるかを、だれが見ても分かるように表しています。

④いっぽう、Bの案内図は、目的地までの道順と目印になる建物だけを表しています。

⑤このように、インフォグラフィックスを作るときには、相手の目的に合わせて、どう見えると分かりやすいのかを考えながらデザインすることが大切です。

①段落と②段落のつながりがすっきりしたのが、お分かりになると思います。
このようにトピックセンテンスは、リライトの授業が必要な場合が多くあります。
特に、「はじめ」の部分です。
以下にP63で紹介したものを再掲致します。

リライトの手順

①トピックセンテンス（冒頭の一文）を一覧にし、「音読」する。

②「はじめ」「中」「終わり」からつながりのよくないパーツを定める。

③抽出した段落に「／」をつけ、「文」に分ける。

④適切なトピックセンテンスを選ぶ。

⑤指示語（こそあど言葉）がある場合は、指し示す部分も含めてトピックセンテンスとする。

スキル4：図表・グラフ

図表・グラフが教科書のどの位置にあるかは、情報活用の観点から重要なことです。本教材には、2つの図があります。いずれも、教科書の下段に配置されています。

国語の教科書は基本的に縦書きですから、目線の移動を考慮すると、下段に図表があることは適切であると思われます。

他教科の教科書も、「図表の位置」という観点で分析してみましょう。子供にとって分かりやすい位置はどこなのか、気になります。

①図は下にある。
②目線の移動が安定する。

（図）（図）

さて、図表・グラフの指導の原則は、下図の2点でした。

発問：Aの図と対応するのは、何段落ですか。
指示：図と文を線で繋ぎなさい。

このように発問することで、子供は図の上の段落を読みます。そして、根拠となる語句を見つけます。この場合は、「Aの案内図」です。

次は、「図表に見出し」を付けます。

ここの指導には、ポイントがあります。

次のように展開します。

②この画像に見出しを付けましょう。

見出し　画像

①この画像は、何段落と対応していますか。

④　③

画像

説明：Aの案内図の見出しは、「街に来た多くの人に役立つ案内図」です。
発問：この見出しと同じ言葉を③段落から見つけなさい。（すぐに分かります）
説明：このように、対応する段落の言葉を使って見出しを付ければよいのです。
発問：では、Bの案内図に見出しはどうなりますか。
指示：④段落から見つけられた人は手を挙げなさい。

まず、Aの案内図の見出しは、「モデリング」（例示）として子供に教えます。

子供は、見出しは段落内から見つければよいことに気づきます。

これで見出しを付ける学び方を知ることになります。

そして、Bの案内図の見出しを付けさせます。これには、答えが複数あります。

スキル５：説明の型

　本教材の説明の型は、「双括型」です。右図のようになります。相手を説得する時に多く使用されます。

　また、「双括型」は食べ物に例えられることもあり、「サンドイッチ型」とも呼ばれますが、私は、３年生以上には、汎用性のある学習用語をきちんと教えた方がよいと思っています。

　ほかには、「頭括型」「尾括型」「時系列型」があります。

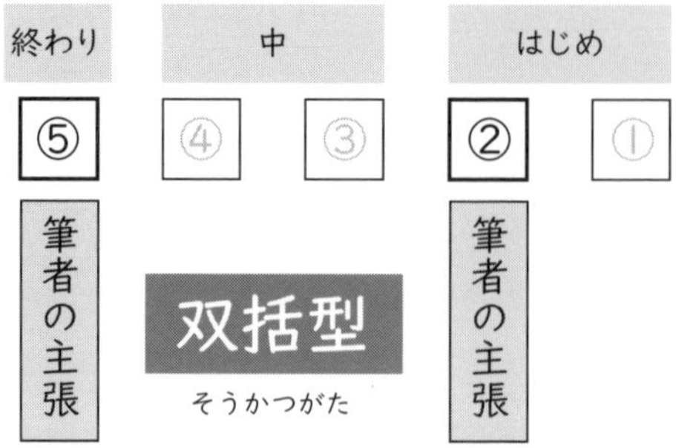

終わり	中		はじめ	
⑤	④	③	②	①
筆者の主張			筆者の主張	

双括型
そうかつがた

スキル６：筆者の主張

②段落の筆者の主張を確定する授業です。

発問：筆者の主張が書いてあるのは、何文目ですか。（二文目）
発問：「それ」は、何を指しますか。（インフォ……こと）
指示：当てはめて読みなさい。

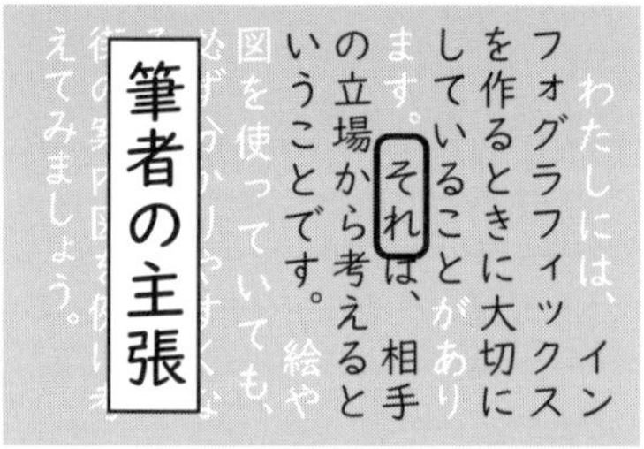

筆者の主張

わたしには、インフォグラフィックスを作るときに大切にしていることがあります。それは、相手の立場から考えるということです。絵や図を使っていても、なじみのない言葉が使われていたら、何のための図か伝わりません。そこで、見る人の立場を考えてみましょう。

⑤段落の筆者の主張を確定する授業です。

発問：筆者の主張が書いてあるのは、何文目ですか。（二文目）
発問：筆者の主張として必要のない言葉は何ですか。（つまり、）
指示：⑤段落の筆者の主張を声に出して言いなさい。

②段落と⑤段落の筆者の主張は、次のようになります。

②段落：インフォグラフィックスを作るときに大切にしていることは、相手の立場から考えるということです。
⑤段落：インフォグラフィックスは、見る人の立場に立って作る、思いやりのデザインなのです。

スキル7：要点・要約・要旨

> 要約：文章構成（構造）を基に、文章全体を 100 ～ 200 字程度にして「要点」を
> 順番にまとめたもの。

文章全体の要約は、次のステップで行います。

【ステップ1】
文章構造図を基にする。その際「①話題提示」は、要約文には入れない。

【ステップ2】
各段落の要点を順番に並べる。

【ステップ3】
全体の言葉を整えて 100 ～ 200 字程度にする。

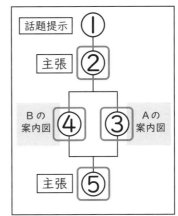

各段落の要点を以下に示します。

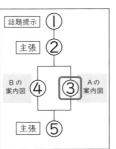

Aの案内図は、この街に来た人の役に立ちますが、目的地が決まっている人にとっては、そうではありません。

インフォグラフィックスを作るときに大切なことは、相手の立場から考えることです。

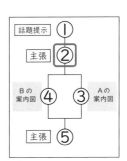

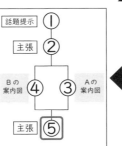

インフォグラフィックスは、見る人の立場に立って作る、思いやりのデザインなのです。

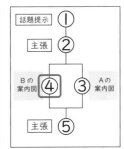

Bの案内図は、目的地が決まっている人には分かりやすいものですが、街全体を知りたい人には十分ではありません。

「思いやりのデザイン」の文章全体の要約は以下のようになります。

「思いやりのデザイン」を要約します。

インフォグラフィックスを作るときに大切なことは、相手の立場から考えることです。

Aの案内図は、初めてこの街に来た人の役に立ちますが、目的地が決まっている人にとっては、そうではありません。

Bの案内図は、目的地が決まっている人には分かりやすいものですが、街全体を知りたい人には十分ではありません。

インフォグラフィックスは、見る人の立場に立って作る、思いやりのデザインなのです。

最後に、「光村図書4年」で紹介されている要約の仕方を以下に示します。
「各段落の要点を並べる」というのが原則です。

これまで、形式段落の内容を短くまとめるというのが要約だと考えてきましたが、現在の学習指導要領では、「文章全体をまとめる」ことを「要約」と捉えています。

要約文の作り方

● 説明する文章や意見文を要約するとき
・話題をおさえ、くり返し出てくる言葉や、まとまりの中心となる文に気をつけてまとめる。
・全体のまとめや、問いに対する答えの部分を中心にまとめる。

① 話題をおさえる。
②③ くり返し出てくる言葉 まとまりの中心となる文（気をつけてまとめる）
④ 全体のまとめ
⑤ 問いに対する答えの部分（中心にまとめる）

4 アップとルーズで伝える（4年）

読解スキル7による教材分析と指導のポイント

スキル0：前提となる情報（音読・知識・スキーマ）

本教材の読解の前提となる知識としては「アップ」「ルーズ」がありますが、③段落で定義が示されています。ほかには「ハーフタイム」を簡単に説明すればよいでしょう。

スキル1：題名

「筆者の主張」が題名です。この題名だと子供たちから「アップとルーズで伝えるってどういうことだろう」という疑問がまず出てきます。また、筆者の主張ですから、「筆者は何を伝えたいのだろう」という問題意識を持つはずです。

スキル2：文章構成

「はじめ」「中」「終わり」の構成です。全体を貫く問いがあり、それに対する答えが述べてあります。「アップ」と「ルーズ」が対比的に述べられていることにも気づかせる必要があります。

スキル3：トピックセンテンス

本教材は、トピックセンテンスの整合性がとれていません。したがって、指導する必要はありません。

スキル4：図表・グラフ

アップとルーズの写真が効果的に掲載されています。写真には見出しが付いているものと付いていないものがあります。その理由を考えさせます。また、新聞に関する画像はありません。これは、実際に新聞で探す学習が必要です。

スキル5：説明の型

「双括型」です。後半の主張には、前半の主張に追加された情報があります。そのことを指導する必要があります。

スキル6：筆者の主張

③段落と⑧段落に述べられています。より重要なのは、⑧段落です。

スキル7：要点・要約・要旨

本教材では「要約」指導は設定されていませんが、その後の「情報」の学習の中（P86、87）で本教材を使った「要約」が取り上げられています。そこで、要約文の作成のステップを紹介しておきます。

第3章　中学年教材で読み解く「読解スキル7」

スキル０：前提となる情報

　本教材は、サッカーが話題として取り上げられています。子供たちには馴染みのある話題だと考えられます。しかし、馴染みがあることは、必ずしも内容理解が容易だということにはなりません。

　本教材の読解の前提となる情報は、「アップ」「ルーズ」の概念です。

　この定義が③段落に書いてあります。また、本文中の写真と定義をセットで見ると、概念を理解することができます。

　「ハーフタイム」については、簡単な説明が必要です。

> ①アップ
> ②ルーズ
> ③ハーフタイム

スキル１：題名

　題名は、次の３つに分類できます。

> ①話題　　②筆者の主張　　③問いかけ

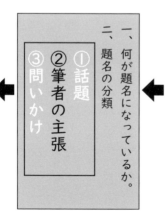

一、何が題名になっているか。
二、題名の分類

①話題
②筆者の主張
③問いかけ

①アップとルーズで伝えるとは、どういうことだろう。
②筆者は何を伝えたいのだろう。

アップとルーズで伝える

　本教材は、「筆者の主張」だと考えられます。

　そこで、次のように発問します。

> 発問：どんな疑問が考えられますか。

78

　この題名の指導をすると、「筆者の主張」の場合の疑問がある程度パターン化してきます。

　ここでは、次の２つが疑問として出されるようになります。

> ①アップとルーズで伝えるとは、どういうことだろう。
> ②筆者は何を伝えたいのだろう。

　①は、「アップ」「ルーズ」の概念がありませんから、当然疑問として出されます。

　②は、題名が「筆者の主張」の場合には、どの教材でも出されるようになります。

　この①と②（主に②）が、学習の見通しとなります。

　そのような見通しを持って本文を読むことが重要なのです。

スキル２：文章構成

本教材は、「はじめ」「中」「終わり」で構成されています。

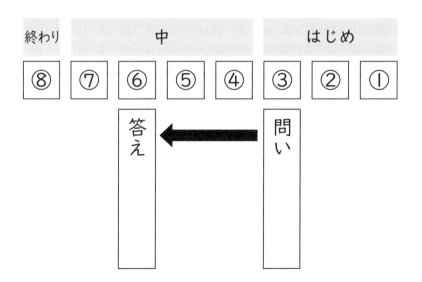

　③段落に全体を貫く問いがあり、その答えが⑥段落に書かれています。⑥段落冒頭の「このように」という言葉は、説明文のまとめで使われる言葉です。この言葉にすぐに気づくように、子供を指導するのです。そのような状態を「言葉が立つ」と呼びます。

文章構成という視点で本教材を見ると、もう一つ指導する必要があります。

それが右図です。

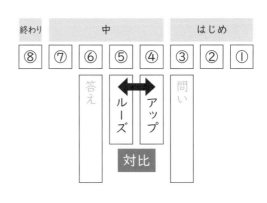

④段落と⑤段落の対比

「アップ」と「ルーズ」のよさを伝える際、「対比」という思考法によって表現することは、極めて重要な方法です。

論理的思考力を育成するための最も基礎的な方法が「対比」です。

「比べる」（対比）という思考法は、他教材でも多く取り入れられています。例えば、「夏」と「冬」の植物を比べてそれぞれの特徴を捉えるなどです。

スキル3：トピックセンテンス

本教材は、トピックセンテンスの指導には向いていません。

以下に「冒頭の一文」を示しますので、一読してみて下さい。

トピックセンテンスだけを読んでも、内容の大体を把握することはできません。

このような教材の場合は無理にリライトしたりせず、トピックセンテンスの指導自体をしないでよいのです。

①テレビでサッカーの試合を放送しています。

②いよいよ後半が始まります。

③初めの画面のように、広いはんいをうつすとり方を「ルーズ」といいます。

④アップでとったゴール直後のシーンを見てみましょう。

⑤試合終了直後のシーンを見てみましょう。

⑥このように、アップとルーズには、それぞれ伝えられることと伝えられないことがあります。

⑦写真にも、アップでとったものとルーズでとったものがあります。

⑧同じ場面でも、アップとルーズのどちらで伝えるかによって伝わる内容がかわってしまう場合があります。

スキル４：図表・グラフ

図表・グラフの指導には、以下の３つがあります。
中学年では、①と②の指導が中心となります。

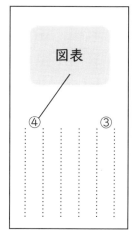

③この図表を使ったことの効果は何ですか。

②この図表に見出しを付けましょう。

①この図表は、何段落と対応していますか。

本教材では、次のように授業をします。

> 発問：P50 と P51 の画面は、それぞれ何段落のことを表していますか。

最初の画面が①段落、P51 の画面が②段落と対応しています。

このような簡単な発問でも、子供たちは本文を読まざるを得なくなります。つまり、図表と本文を関連させて読む必要性に迫られることになります。

そして、次のように発問します。

> 発問：右の画面のようなとり方を何といいますか。（ルーズ）
> 　　　左の画面のようなとり方を何といいますか。（アップ）
> 指示：教科書の画面の上に「ルーズ」「アップ」と書いておきなさい。（確認）

P52 と P53 の画面は、次のように授業します。

> 発問：P52 の画面に題名を付けます。
> 指示：「ゴー○○○の様子」という題名を付けなさい。

発問：P52の題名を参考にして、P53の画面に題名を付けなさい。

P52の題名で子供は題名の付け方を学びます。その「学び方」です。

①：「　　　　　様子」と表現すること。
②：教科書の言葉を使うこと。
③：題名は教科書に書いてあること。

このことがP53の題名付けで生かされるのです。

「試合終了直後の様子」

このようになります。

いきなり「題名を付けなさい」と言うと、授業は混乱します。

「学び方」を授業した上で考えさせることによって、どの子も自分で考えることができるようになります。そして、「達成感」を味わうことができるのです。

学び方は他の教材でも使えます。汎用性があります。

スキル5：説明の型

本教材は「双括型」です。
③段落と⑧段落に筆者の主張が述べられています。
双括型のポイントは、次です。

最初の主張に新たな情報を付け加えたのが、最後の主張である。

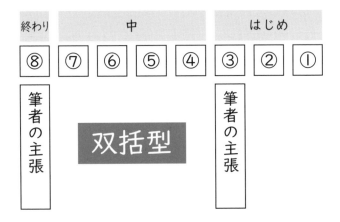

スキル6：筆者の主張

右の③段落と⑧段落の筆者の主張を読んでください。

⑧段落には、傍線部分の新たな主張が追加されていることが分かります。

伝えたいことに合わせて

この新たな情報は、直前の⑦段落を受けてのものだということがわかります。

サッカーの画面の説明が続いた後に、「新聞」の画面の説明が⑦段落にあります。唐突のように受け取られるかも知れませんが、⑦段落は双括型の主張に追加情報を加えるための段落なのです。

まとめると以下の図のようになります。

⑧
筆者の主張
だからこそ、送り手は伝えたいことに合わせて、アップとルーズを選んだり、組み合わせたりする必要があるのです。

③
筆者の主張
何かを伝えるときには、このアップとルーズを選んだり、組み合わせたりすることが大切です。

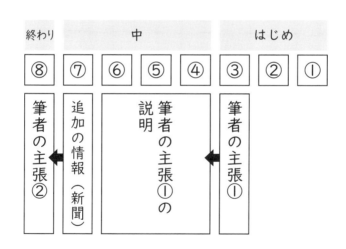

終わり	中				はじめ		
⑧	⑦	⑥	⑤	④	③	②	①
筆者の主張②	追加の情報（新聞）	筆者の主張①の説明			筆者の主張①		

4年生であれば、以下のような授業展開ができると思います。

メタ認知のための授業です。

発問：双括型でより重要な主張は、どちらですか。（後半）
発問：それはなぜですか。（主張①に新たな情報が付け加えられているから）

スキル7：要点・要約・要旨

> 要約：文章構成（構造）を基に、文章全体を 100 〜 200 字程度にして「要点」を
> 　　　順番にまとめたもの

文章全体の要約は、次のステップで行います。

【ステップ1】
　文章構造図を基にする。その際「話題提示」は、要約文には入れない。（①②）

【ステップ2】
　各段落の要点を順番に並べる。

【ステップ3】
　全体の言葉を整えて 100 〜 200 字程度にする。

文章構成を図にします。

話題提示 ①［アップ］ ②［ルーズ］
主張 ［問い］ ③
［ルーズ］⑤ ④［アップ］
［答え］⑥
⑦［新聞］
主張 ⑧

　本教材の学習内容には、「要約」は含まれません。しかし、その後に学習する「情報」に関する内容に「要約」が取り上げられています（教科書P86、87）。その中で「アップとルーズで伝える」の要約文が例示されています。教科書に示された例示を基に、全文要約の方法を考えてみます。

　教科書の例文は、右のとおりです（P87）。

　教科書の例文は、とてもよく練られています。

　これを授業として組み立てることで、子供たちに「要約文」の書き方を学ばせることができるのです。

　写真やえいぞうは、部分を大きくうつす「アップ」と、広いはんいをうつす「ルーズ」を選んだり、組み合わせたりして使うことが大切です。アップは、細かい部分の様子が分かりますが、うつされていない部分は分かりません。ルーズは、広いはんいの様子が分かりますが、細かい部分は分かりません。テレビや新聞では、目的におうじてアップとルーズを選んで使います。アップとルーズをいしきすれば、伝えたいことが、受け手にとどくのです。

発問：要約文は、何文で構成されていますか。（5文）
発問：それぞれの文に番号を付けなさい。（①～⑤）

① 写真やえいぞうは、部分を大きくうつす「アップ」と、広いはんいをうつす「ルーズ」を選んだり、組み合わせたりして使うことが大切です。

② アップは、細かい部分の様子が分かりますが、うつされていない部分は分かりません。

③ ルーズは、広いはんいの様子が分かりますが、細かい部分は分かりません。

④ テレビや新聞では、目的におうじてアップとルーズを選んで使います。

⑤ アップとルーズをいしきしすれば、伝えたいことが、受け手にとどくのです。

このようにした上で、要約文を一文ずつ文章構成図のどの段落と対応するのかを検討させます。そうすると「要約文の構造」に気づきます。

以下の図をご覧下さい。

右の要約文は、教科書に例示された一文目です。

一文目の要約文が、文章構成図の何段落に該当するかを探させます。③段落だということが分かります。

そして、③段落のどの部分を要約文として使ってあるかを調べ、傍線を引かせます。

③段落

　初めの画面のように、広いはんいをうつすとり方を「ルーズ」といいます。次の場面のように、ある部分を大きくうつすとり方を「アップ」といいます。

　何かを伝えるときには、このアップとルーズを選んだり、組み合わせたりすることが大切です。アップとルーズでは、どんな違いがあるのでしょう。

要約文

① 写真やえいぞうは、部分を大きくうつす「アップ」と、広いはんいをうつす「ルーズ」を選んだり、組み合わせたりして使うことが大切です。

何だん落のことですか。

文章構成図：
- ① アップ
- ② ルーズ
- 話題提示
- ③ 主張 問い
- ⑤ ルーズ　④ アップ
- ⑥ 答え
- ⑦ 新聞
- ⑧ 主張

その上で、次のように授業をします。

> **発問：右の傍線の言葉を繋いで、一文にしなさい。**

これは、簡単ではありません。
しかし、この指導を通して全文を要約するときの各パーツの要約のやり方を学んでいくのです。
この一文の中には、

> **アップとルーズの定義　＋　筆者の主張**

が含まれていることが分かります。
このようにメタ認知をさせることで、ほかの場合にも汎用できるようになります。
残りの要約文と文章構成図、そして本文との関連を見ていきましょう。

③段落

初めの画面のように、広いはんいをうつすとり方を「ルーズ」といいます。次の画面のように、ある部分を大きくうつすとり方を「アップ」といいます。何かを伝えるときには、このアップとルーズを選んだり、組み合わせたりすることが大切です。アップとルーズでは、どんな違いがあるのでしょう。

---

④段落

アップでとったゴール直後のシーンを見てみましょう。アップでとると、細かい部分の様子がよく分かります。しかし、このとき、ゴールを決められたチームの選手は、どんな様子でいるのでしょう。それぞれのおうえんの様子はどうなのでしょう。走っている多くの選手がいるの、うつされていない多くの部分のことは、アップでは分かりません。

【文章構成図】
- 話題提示 → ① アップ／② ルーズ
- 主張　問い → ③
- ルーズ ⑤ ── ④ アップ
- 答え ⑥
- ⑦ 新聞
- 主張 ⑧

要約文

②アップは、細かい部分の様子が分かりますが、うつされていない部分は分かりません。

下図の要約文の「細かい部分」に該当する本文は、「各選手の顔つきや……気持ち」に当たります。本文を他の言葉に言い換えていることが分かります。

---

⑤段落

試合終了直後のシーンを見てみましょう。勝ったチームのおうえん席です。……ルーズでとると、広いはんいの様子がよく分かります。でも、各選手の顔つきや視線、それらから感じられる気持ちまでは、なかなか分かりません。

【文章構成図】
- 話題提示 → ① アップ／② ルーズ
- 主張　問い → ③
- ルーズ ⑤ ── ④ アップ
- 答え ⑥
- ⑦ 新聞
- 主張 ⑧

要約文

③ルーズは、広いはんいの様子が分かりますが、細かい部分は分かりません。

第
3
章　中学年教材で読み解く「読解スキル7」

要約文

④テレビや新聞では、目的におうじてアップとルーズを選んで使います。

⑥⑦段落

⑥このように、アップとルーズには、それぞれ伝えられることと伝えられないことがあります。……目的におうじてアップとルーズを切りかえながら放送をしています。

⑦写真にも、……新聞を見ると、伝えたい内容に合わせて、どちらかの写真が使われていることが分かります。……そして、その中から目的にいちばん合うものを選んで使うようにしています。

話題提示　① アップ　② ルーズ
主張　問い　③
ルーズ ⑤　④ アップ
答え ⑥
⑦ 新聞
主張 ⑧

要約文

⑤アップとルーズをいしきすれば、伝えたいことが、受け手にとどくのです。

⑧段落

⑧同じ場面でもアップとルーズのどちらで伝えるかによって伝わる内容がかわってしまう場合があります。だからこそ、送り手は伝えたいことに合わせて、アップとルーズを選んだり、組み合わせたりする必要があるのです。……そうすることで、あなたの伝えたいことをより分かりやすく、受け手にとどけることができるはずです。

話題提示　① アップ　② ルーズ
主張　問い　③
ルーズ ⑤　④ アップ
答え ⑥
⑦ 新聞
主張 ⑧

　このように全文要約（100字～200字程度）は、かなりハードルが高い学習になります。

　右図に光村図書４上「かがやき」P87に掲載されている要約の仕方について紹介します。

　今回の要約指導は、この考え方を参考にしました。

　チャットGPT等の生成AIの登場により、今後「要約指導」の考え方も変化するだろうと思われます。

要約文の作り方

●説明する文章や意見文を要約するとき

・話題をおさえ、くり返し出てくる言葉や、まとまりの中心となる文に気をつけてまとめる。
・全体のまとめや、問いに対する答えの部分を中心にまとめる。

①話題をおさえる。
②くり返し出てくる言葉
③まとまりの中心となる文（気をつけてまとめる）
④全体のまとめ
⑤問いに対する答えの部分（中心にまとめる）

説明文の題名には、とても大きな意味があります。

その後の本文で、どのような内容が書いてあるのかを明らかにしています。

しかし、その程度の説明では、教師としては弱いと感じていました。

そこで、現在発行されている全ての教科書教材を調べてみました。4社分です。

その結果、次の3種類に分類できることが分かりました。

①話題　②筆者の主張　③問いかけ

これを次のように授業することも可能です。

「ありの行列は、何番の題名ですか。」

しかし、これでは「スキル」としての読解力における汎用性に欠けます。

そこで、次のように授業しました。

> 説明：説明文の題名は、高速道路のインターチェンジにある標識と同じ役割
> をしています。標識は、自分が行きたい方向はどちらなのかをはっき
> りさせてくれます。
> 題名が①から③のどれにあたるのかを決めることで、読み進める方向
> 性が決まります。

行き先を決める

題名が何番に該当するのかが
決まれば、次のように進めます。

> 発問：題名からどんな疑問を持
> ちますか。

このようにして出された疑問から、本文を読解する方向性や見通しが見えてきます。これが主体的な学びの第一歩となります。

「読解スキル7」の一つひとつのスキルは、子供たちが読解力をつける上で必然性のあるものばかりです。

しかし、インターチェンジの標識の事例のような工夫がまだまだ不足していると思います。

国語の苦手な子供たちが「なるほど」「分かった」「面白い」と言ってくれるような説明文の授業にしていければと思います。

ぜひ、試していただき、子供の様子をお知らせ下さい。

今後も改善を重ねて、よりよい指導法を開発していきたいと思います。

第4章

高学年教材を読み解く「読解スキル7」

Ⅰ　固有種が教えてくれること（5年）

読解スキル7による教材分析と指導のポイント

スキル0：前提となる情報（音読・知識・スキーマ）

本教材には、読解の前提となる知識が必要です。興味のある子供とそうでない子供では、内容に入る前からモチベーションに差がでてしまいます。資料・画像・動画等の準備が必要となります。

スキル1：題名

「筆者の主張」が題名です。この題名だと「筆者は何を伝えたいのだろう」という問題意識も持つはずです。また、「固有種って何だろう」という疑問は当然持つはずです。本教材は、学習の見通しをつけやすいと言えます。

スキル2：文章構成

「はじめ」「中」「終わり」の構成です。最終的には「要旨」の読み取りが必要となりますから、「中」を意味段落に分ける必要があります。形式段落の冒頭の言葉を根拠にしながら、意味段落に分けるスキルも必要となります。

スキル3：トピックセンテンス

本教材のトピックセンテンスは、よく整っているとは言えません。しかし、すべてのリライトをやる時間はありませんから、「はじめ」の①②段落だけをリライトをするとよいと思います。

スキル4：図表・グラフ

本教材では、図表・グラフの指導が重要となります。各資料には表題がついています。図表・グラフと「文」との対応や複数資料と本文を関連づけて読み取る指導、図表・グラフを批判的に読み取る指導が必要となります。

スキル5：説明の型

本教材は、「双括型」の説明文です。読み手を説得する時によく用いられる型です。

スキル6：筆者の主張

②段落と⑪段落に筆者の主張が述べられています。通常は、後半の⑪段落の主張には前半の②段落の主張に＋αがあるのですが、本教材は、②も⑪も同じ内容が書かれています。

スキル7：要点・要約・要旨

本教材では、「要旨」の指導をすることになります。150字程度でどのように要旨をまとめるかを提案します。

スキル0：前提となる情報

　本教材は、題材に興味のある子供とそうでない子供によって興味・関心が大きく変わってくる可能性があります。

　以下に示した語句以外には、具体的な動物名（アマミノクロウサギ等）もあります。

> ・固有種
> ・更新世・完新世
> ・外来種
> ・絶滅
> ・剥製
> ・害獣
> ・（特別）天然記念物
> ・絶滅危惧種

　辞書的な意味だけでなく、

> 写真、動画等の情報の準備をしておく必要があります。

　教科書には、「アマミノクロウサギ」の画像QRコードがあります。しかし、大きさや動きが分かりません。今後デジタル教科書が導入されれば、興味のある子供や詳しく知りたい子供が教科書からネットにアクセスして学ぶことができるようになるでしょう。

　これが、個別最適な学びです。

　従来の難語句の意味調べだけでは、内容理解が不十分になる可能性があります。

　いくつもの選択肢を準備しておくことは、大事なことです。

スキル1：題名

本教材の題名は、「②筆者の主張」だと考えられます。次のように問います。

> 発問：題名からどのような疑問を持ちますか。

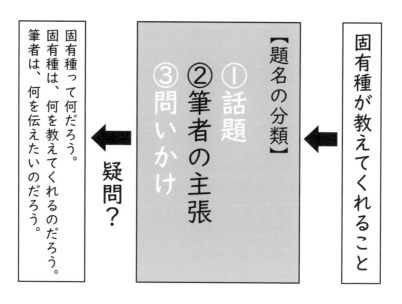

【題名の分類】
① 話題
② 筆者の主張
③ 問いかけ

疑問？

固有種って何だろう。
固有種は、何を教えてくれるのだろう。
筆者は、何を伝えたいのだろう。

固有種が教えてくれること

慣れてくると、以下のような意見が出されるようになります。

> 固有種って何だろう。
> 固有種は、何を教えてくれるのだろう。
> 筆者は、何を伝えたいのだろう。

　このように題名から疑問や書かれていることを予想することで、見通しをもって本文を読むことができます。私は、子供たちに授業をする際には、「題名」の意味を説明します。

> 　「題名」で内容を予想することの大切さについてお話をします。
> 　みなさんが高速道路を通る時、インターチェンジを入ると標識がありますね。右は「福岡県」、左は「熊本県」のようにです。熊本県に行きたい時に福岡県行きの道路に入ると、到着までに多くの無駄な時間がかかります。短い時間で到着するために標識を見ることは、とても大事なことです。「題名」もそのような役割をします。

スキル２：文章構成

　本教材は、「はじめ」「中」「終わり」の構成です。高学年からは、「序論」「本論」「結論」という場合もあります。

　説明文の文章構成を把握するためには、段落冒頭の語句に着目する必要があります。私のイメージでいうと、初めての説明文を見た（「読む」ではなく）瞬間に、次の２つの作業をするように育てることが大事です。

> 作業１：無意識に「段落番号」を書く。
> 作業２：無意識に「段落冒頭の言葉」を丸で囲む。

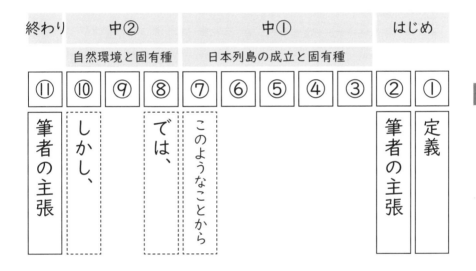

終わり	中②		中①					はじめ	
	自然環境と固有種		日本列島の成立と固有種						
⑪	⑩	⑨	⑧	⑦	⑥	⑤	④	②	①
筆者の主張	しかし、		では、	このようなことから				筆者の主張	定義

　上図を見てください。「中①」「中②」とあります。これは、「意味段落」のことです。⑦段落の「このようなことから」で、それまでのまとめが書いてあることが分かります。そして、⑧段落の「では、」から別の事柄が書いてあることが分かります。つまり、内容を全て読まなくても、形式段落を２つに分けることができるのです。次のように指示します。

> 指示：③～⑩段落を２つに分けます。段落の冒頭の言葉だけを根拠にして分けなさい。

　このように、発問の仕方で子供たちに「学び方」を指導することができるのです。
　「③～⑩段落を２つに分けなさい。」という指示と上の指示では、子供の思考が全く違ってきます。その上で、意味段落には「見出し」を付けます。

スキル３：トピックセンテンス

本教材のトピックセンテンスは、あまり整っているとは言えません。各段落の冒頭の一文を並べたものを音読してみてください。ぎりぎり内容の大体が分かる程度です。

ここでは、「はじめ」（①②）のリライトをやってみましょう。

トピックセンテンス

① ウサギといえば、耳が長くぴょんぴょんはねる、鳴かない動物―そう考える人が多いのではないでしょうか。

② 固有種には、古い時代から生き続けている種が多くいます。

③ 日本に固有種が多いことは、同じように大陸に近いところにある島国イギリスと比べるとよく分かります。

④ 日本に固有種が多いわけは、日本列島の成り立ちに関係があります。

⑤ 資料2を見てください。

⑥ 北海道が大陸とはなれたのは、完新世とよばれるひかく的新しい時代です。

⑦ このようなことから、日本列島には数百万年前から生き続けているほ乳類が見られ、そのほぼ半数が固有種なのです。

⑧ 現状はどうでしょうか。

⑨ では、この問題が分かってから、固有種などを天然記念物に指定したり、絶滅のおそれのある動植物を「絶滅危惧」などとランク分けしたりして、積極的な保護が行われてきました。

⑩ しかし、いいことばかりは続きませんでした。

⑪ 今、絶滅が心配されている固有種が数多くいます。

まず、①段落をリライトします。

右図の中では何文目が最適なトピックセンテンスと言えるでしょうか。

5文目

最初の段落ですから、「このような」は、除きます。

次に、②段落をリライトします。

右図の中では何文目が最適なトピックセンテンスと言えるでしょうか。

6文目

結論を最後に述べることが、日本語の特質としてよく表れていますね。

---

①段落で最も重要な一文はどれですか。

1 ウサギといえば、耳が長くぴょんぴょんはねる、鳴かない動物―そう考える人が多いのではないでしょうか。

2 しかし、アマミノクロウサギという種はちがいます。

3 耳は約五センチメートルと短く、ジャンプ力は弱く、そのうえ「ピシー」という高い声で鳴くのです。

4 このようなウサギは、日本だけに生息しています。

5 このように特定の国やちいきにしかいない動植物のことを「固有種」といいます。

②段落で最も重要な一文はどれですか。

1 固有種には、古い時代から生き続けている種が多くいます。

2 アマミノクロウサギも、およそ三百万年以上前からほぼそのままのすがたで生きてきたとされる、めずらしいウサギです。

3 このウサギと他の種と比べることで、ふつうのウサギが、長い進化の過程で手に入れられたものだということが分かります。

4 固有種と他の種の特徴を比べることは、生物の進化の研究にとても役立ちます。

5 日本には、固有種がたくさん生息するゆたかな環境があります。

6 わたしたちは、この固有種たちがすむ日本の環境を、できるだけ残していきたいと考えています。

①②段落をリライトした文を全体に当てはめたのが以下です。

ずいぶん分かりやすくなったのではないでしょうか。

リライトしたトピックセンテンス

①特定の国やちいきにしかいない動植物のことを、「固有種」といいます。

②わたしたちは、この固有種たちがすむ日本の環境を、できるだけ残していきたいと考えています。

③日本に固有種が多いことは、同じように大陸に近いところにある島国イギリスと比べるとよく分かります。

④日本に固有種が多いわけは、日本列島の成り立ちに関係があります。

⑤資料2を見てください。

⑥北海道が大陸とはなれたのは、完新世とよばれるひかく的新しい時代です。

⑦このようなことから、日本列島には数百万年前から生き続けているほ乳類が見られ、そのほぼ半数が固有種なのです。

⑧では、現状はどうでしょうか。

⑨この問題が分かってから、固有種などを天然記念物に指定したり、絶滅のおそれのある動植物を「絶滅危惧種」などとランク分けしたりして、

⑩しかし、いいことばかりは続きませんでした。

⑪今、絶滅が心配されている固有種が数多くいます。

⑩積極的な保護が行われてきました。

スキル4：図表・グラフ

本教材の特徴は、資料に見出しが付いているということです。

右の指導の原則で言えば、①のみを指導すればよいことが分かります。

> 発問：資料〇は、何段落と対応していますか。
>
> 発問：資料〇は、□段落の何文目と対応していますか。

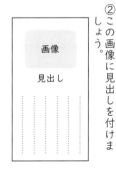

①この画像は、何段落と対応していますか。

②この画像に見出しを付けましょう。

という発問が基本です。

本教材では、さらに重要なポイントが3つあります。

> 1つは、図2〜図4の動物名を本文から探させること。
> 2つは、資料3、4と対応する文を探させること。
> 3つは、資料6、7のグラフを批判的に検討させること。

まず、図2〜図4の動物の名前を本文から探させます。

発問：図2〜図4に描かれている動物の名前を⑤⑥段落から探しなさい。

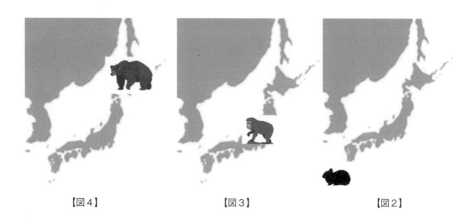

【図4】　　　　　　　　【図3】　　　　　　　　【図2】

図2：アマミノクロウサギ
図3：ニホンザル
図4：ヒグマ

ということが分かります。これは、5年生にとっては易しい課題です。したがって、リズムよくやります。

国語ですから、教科書からその証拠を探させます。その時に学び方を指導します。
例えば、次のようにリズムよく展開します。

指示：図2の動物に指を置きなさい。（確認）
発問：この動物の名前は何ですか。（アマミノクロウサギ）
指示：図3の動物に指を置きなさい。（確認）
発問：この動物の名前は何ですか。（ニホンザル）
指示：図4の動物は何ですか。（ヒグマ）

次に資料3、4は、何段落の何文目と対応するかを探させます。
資料の表題を紹介します。

資料3：1年間の平均気温
資料4：標高

発問：資料3、4と対応する「文」は、どれですか。

答えは、⑦段落にあります。

それは、日本列島が南北に長いため、寒いちいきからあたたかいちいきまでの気候的なちがいが大きく、地形的にも、平地から標高三千メートルをこす山岳地帯まで変化に富んでいるからです。（⑦段落 P142、L9-13）

このように、図表・グラフと本文との対応は、以下のように分けることができます。

基本：段落との対応
応用：文との対応

最後に、資料6、7のグラフを批判的に検討させます。

それぞれの表題は、次のとおりです。

資料6の表題：天然林等面積の推移
資料7の表題：全国のニホンカモシカほかく数

この2つのグラフは、関連させながら読解をすることがポイントです。

複数の資料と本文を関連付けながら読解する

という極めて重要な学習内容を含んでいます。

しかし、学習する上での課題があります。

それが、次です。

横軸の年度が対応していない。

資料6と資料7の横軸の年度は、次のようになっています。

資料6	1951年	1957年	1966年	1976年	1986年	1995年	2002年	2007年
資料7	1975年	1980年	1985年	1990年	1995年	2000年	2005年	2010年

これを見ただけでも、次のことに気づきます。

①資料6の、年度の間隔が統一されていない。（6年、9年、10年、10年、9年、7年、5年）資料7は、5年間隔である。

②比較するために年度を統一しておく必要があるが、資料6は1951年から、資料7は1975年からであるので比較しにくい。

スキル5：説明の型

本教材は、「双括型」の説明文です。

「筆者の主張」が「はじめ」の②段落と「終わり」の⑪段落にあります。

「双括型」は、説得の論法とも言われます。読者を説得する時に多く用いられます。主に高学年の説明文に多い型です。

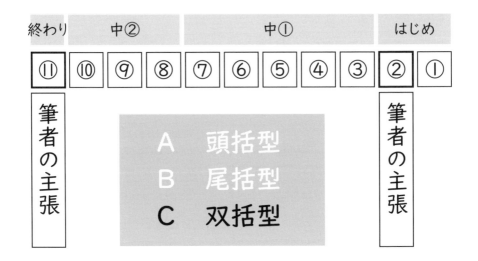

スキル6：筆者の主張

②段落から筆者の主張を探します。

次のように授業します。

指示：②段落を音読しなさい。

発問：②段落は、いくつの文で構成されていますか。（6文）

発問：何文目が筆者の主張ですか。（6文目）

6文目は、次のとおりです。

> わたしは、この固有種たちがすむ日本の環境を、できるだけ残していきたいと考えています。

主語は「わたしは」となっています。筆者の主張は、主語で判断できます。

次は、⑪段落から筆者の主張を探させます。

②段落の時と同じように授業をします。システムは同じです。

指示：⑪段落を音読しなさい。

発問：⑪段落は、いくつの文で構成されていますか。（7文）

発問：何文目が筆者の主張ですか。（6文目）

6文目は、次のとおりです。

（ですから、）わたしたちは、固有種がすむ日本の環境をできる限り残していかなければなりません。

主語は「わたしたちは」となっています。筆者の主張は、主語で判断できます。

最後に、②段落と⑪段落の「筆者の主張」を並べます。

⑪（ですから、）わたしたちは、固有種がすむ日本の環境をできる限り残していかなければなりません。

②わたしは、この固有種たちがすむ日本の環境を、できるだけ残していきたいと考えています。

主張が繰り返されていることが明確に分かります。

筆者の主張は、「主語」で判断するというのが原則です。

このように、判断する視点を与えることが重要なのです。

スキル7：要点・要約・要旨

要旨は、5年生で初めて指導します。

まず、学習指導要領で定義を明確にしておきます。

（学習指導要領における）要旨

　要旨とは，書き手が文章で取り上げている内容の中心となる事柄や，書き手の考えの中心となる事柄などである。**要旨を把握する**ためには，**文章全体の構成を捉える**ことが必要になる。文章の各部分だけを取り上げるのではなく，全体を通してどのように構成されているのかを正確に捉えることが重要である。その際，叙述を基に，書き手が，どのような事実を理由や事例として挙げているのか，どのような感想や意見などをもっているのかなどに着目して，**事実と感想，意見などとの関係を押さえる**こととなる。

「小学校学習指導要領解説　国語」5、6年生より

次に教科書では、「要旨」の捉え方がどのように記述されているかを見てみます。

要旨を百五十字程度

【B社】

要旨をとらえるには、まず、型式段落や意味段落から重要な点を見つけます。そして、それらをまとめて一つの文、あるいは文章にすると、要旨がまとまります。

● 筆者が考える「固有種が教えてくれること」とはどんなことなのかに注意して、この文章の要旨を 百五十字程度 でまとめよう。

【A社】

☆ 要旨をとらえる

　要旨は、文章の中にはっきりと示されている場合と、文章全体から読み取らなければならない場合とがあります。要旨をとらえるには、それぞれの段落やまとまりにどのようなことが書かれているかを整理し、全体の構成を考えながらまとめましょう。特に、結論部分には内容や考えの中心が書かれることが多いので、注意しましょう。

書かれている内容の中心なのか、考えの中心なのか。

文章全体の構成を捉えてまとめるのか、結論部分を中心にまとめるのか。

100

本稿では、要旨の例示を基に要旨を捉える手順を提案します。

要旨の例示は、最終⑪段落を中心に二文でまとめられています。

⑪段落を中心にまとめる。

【要旨】

①固有種は「生物の進化や日本列島の成り立ちの生き証人」であり、「多様な自然環境が守られていることのあかし」である。②よって、固有種がすむ日本の環境をできる限り残していかなければならない。

【⑪段落】

（略）数万から数百万年もの間生き続けてきた固有種は、生物の進化や日本列島の成り立ちの生き証人としてきちょうな存在です。また、日本列島のゆたかで多様な自然環境が守られていることのあかしでもあります。その固有種は、この日本でしか生きていくことができません。ですから、わたしたちは、固有種がすむ日本の環境をできる限り残していかなければなりません。それが、日本にくらすわたしたちの責任なのではないでしょうか。

要旨の一文目は、⑪段落の前半部分をまとめていることが分かります。

⑪段落の「また」の前と後を整理しているだけだということが分かると思います。

固有種は、生物の進化や日本列島の成り立ちの生き証人としてきちょうな存在です。また、日本列島のゆたかで多様な自然環境が守られていることのあかしでもあります。

①固有種は「生物の進化や日本列島の成り立ちの生き証人」であり、「多様な自然環境が守られていることのあかし」である。

次に要旨の二文目は、⑪段落の筆者の主張にあたる部分をそのまま写していることが分かります。

②よって、固有種がすむ日本の環境をできる限り残していかなければならない。

本の環境をできる限り残していかなければなりません。固有種がすむ日

要旨は、「①二文で表す。②一文目は、「中」の意味段落をまとめる。③二文目は、筆者の主張をほぼそのまま書く。」と完成します。

2 天気を予想する (5年)

読解スキル7による教材分析と指導のポイント

スキル0：前提となる情報（音読・知識・スキーマ）
本教材には、読解の前提となる知識が必要です。興味のある子供とそうでない子供では、内容に入る前からモチベーションに差がでてしまいます。資料・画像・動画等の準備が必要となります。

スキル1：題名
「筆者の主張」が題名です。高学年の説明文の多くは、「筆者の主張」が題名となります。それは、筆者の主張に対して自分はどのように考えるのかという課題に取り組むことが求められるからです。

スキル2：文章構成
「序論」「本論」「結論」の構成です。「本論」が3つの意味段落に分けられます。「問いと答え」がセットで一つのまとまりとなります。これが意味段落で、分かりやすい構成です。本教材が付録として掲載されていることから、自分の力で読み取るのに適した教材だと言えます。

スキル3：トピックセンテンス
本教材のトピックセンテンスは、よく整っています。「問い」がトピックセンテンスになっているので、全体の構成も容易に把握できます。「序論」のみをリライトすればよいでしょう。

スキル4：図表・グラフ
本教材の図表・グラフでは、これまで述べてきたことに追加して、新たに「図表の効果」を考えさせる学習が必要となります。これは、今後自分で説明文や報告文を書く場合にも役立つ学習となります。何のために、どのような図表・グラフが必要なのかを意識して書くことに繋がっていくのです。

スキル5：説明の型
本教材は、「尾括型」の説明文です。

スキル6：筆者の主張
尾括型ですから、最終⑪段落に筆者の主張が述べられています。⑪段落の何文目が筆者の主張に当たるのかを考えさせる学習が、次の「要旨」へと繋がります。

スキル7：要点・要約・要旨
本教材では、「要旨」の指導をすることになります。最終段落の筆者の主張を見つけ、30字以内にまとめる学習が役立ちます。

スキル０：前提となる情報

本教材は、教科書の付録教材として掲載されています。

私は、とても良い教材だと思います。読解の前提となる知識・情報は以下のとおりです。5年生の理科で「天気」の学習をします。その知識が前提となっています。

天気予報に関する経験・知識

① 天気予報の原理

② 天気予報に関する知識
・アメダス（観測装置）
・降水量
・気象レーダー
・海洋、気球、人工衛星での観測
・スーパーコンピュータ
・地球全体の大気の様子
・静止気象衛星
・突発的な天気の変化
・急速に発達する積乱雲
・局地的な天気の変化
・風や雲の動きが複雑
・天気に関することわざ

上記の知識をどれほど持っているかは、子供によって違います。

したがって、一斉指導の中で辞書引きをさせたり、説明をしたりすることは、時間の無駄となります。デジタル教科書では、上記の言葉をクリックすると、動画や画像や説明が提示されるのだと思います。

天気予報のもとになる気象観測 | NHK for School
https://www2.nhk.or.jp/school/movie/clip.cgi?das_id=D0005301268_00000

アメダスとは
https://www2.nhk.or.jp/school/movie/clip.cgi?das_id=D0005300045_00000

必要な子供が必要な情報にアクセスできる。

これが、個別最適な学びです。

今回、私が提示しているのは、NHK for School の番組の二次元バーコードです。スマホが手元にある方は、閲覧してみてください。

「天気予報」と「アメダス」の動画を見ることができます。

スキル１：題名

本教材の題名は、「筆者の主張」に分類されます。

１年生からの積み上げができていれば、教師から言われなくても、自分の力で題名から本教材の学習の見通しを持つことが可能となります。

初めて題名の読解をする場合は、次のように授業します。

> 発問：「天気を予想する」という題名は、３つの分類のどれに当たりますか。（②）

多くの子供は②と答えますが、１人か２人は「③問いかけ」だと答える子供がいます。これを教師が知っておくことは大切です。「どうして、そう思ったの？」と聞いてあげてください。子供の論理を知ることができます。

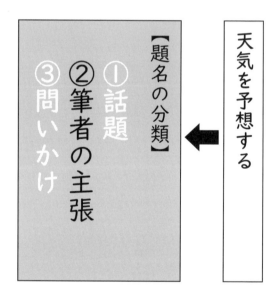

【題名の分類】
① 話題
② 筆者の主張
③ 問いかけ

天気を予想する

① 筆者は何を伝えたいのか。
② 天気をどのように予想するのか。
③ なぜ天気を予想するのか。

> 発問：あなたは、この題名からどのような疑問を持ちますか。

最初は、何と答えればよいのか分からない子供もいますが、何人かが手を挙げます。どのような答えであれ、答えたことに対してしっかり褒めてあげましょう。

題名読解で重要なことは、「書かれていることに関心を持つ」ということです。

学習の方向性として、上図にあげた３項目をノートに視写させるとよいでしょう。

次の学習の時からは、この３項目が例示として機能することになります。

スキル2：文章構成

本教材の文章は、「序論」「本論」「結論」で構成されています。

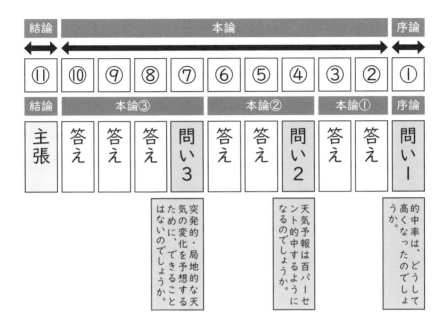

上の文章構成から4つのことが分かります。

　1つ目は、「問い」が3つあり、それぞれの「問い」に答えていく形で構成されていることです。

　2つ目は、「問いと答え」をセットにすることで、「本論」が3つに分かれることです。これを「意味段落」といいます。本教材は、「本論」を「意味段落」に分けるのにとても適した、分かりやすい教材だと言えます。上図のように視覚化して提示することが大事です。

　3つ目は、「筆者の主張」が最後の段落に述べられていることです。このことから、説明文の型も分かります。

　4つ目は、「意味段落」に分けることによって、文章全体の「要旨」を考える際のヒントになることです。「要旨」は、内容のまとまりや考え方のまとまりのことをいいます。「意味段落」ごとに書かれてあることをまとめればよいのです。したがって、「意味段落」には、見出しをつける学習が効果的となります。

　このように、「何のための文章構成なのか」を教師が理解しておく必要があります。

スキル3：トピックセンテンス

ここで、トピックセンテンスの定義を確認しておきましょう。

各段落で何を言おうとするのかを一口で述べた文のこと。**各段落の最初に書くのがたてまえ。**

(木下是雄『理科系の作文技術』p.62-64)

この定義に沿って、トピックセンテンスを並べたのが以下です。

⑪科学技術の進歩や国際的な協力の実現によって、天気予報の精度は向上してきました。

⑩さらに、天気に関することわざが有効な場合もあります。

⑨また、実際に自分で空を見たり、風を感じたりすることも必要です。

⑧まずは、いろいろな情報手段を使って、そのちいきの現在やこの先の天気をくわしく知ることです。

⑦それでは、突発的・局地的な天気の変化を予想するために、できることはないのでしょうか。

⑥もう一つの要因には、局地的な天気の変化が挙げられます。

⑤天気の予想をむずかしくしている要因の一つに、短い時間の非常にはげしくふる雨などの突発的な天気の変化が挙げられます。

④では、さらに科学技術が進歩し、国際的な協力が進めば、天気予報は百パーセント的中するようになるのでしょうか。

③もう一つの理由は、国際的な協力の実現です。

②一つは、科学技術の進歩です。

①新聞やテレビなどで知る天気予報は、以前に比べ、的中することがずいぶん増えてきました。

一度「音読」してみて下さい。

文章全体の内容を大体把握できると思います。

限られた時間内でまず全体の内容を把握する力は、情報社会では必須の資質・能力だと言えます。

しかし、トピックセンテンスという視点でみると、日本の説明文は、「序論」の部分に弱さがあります。①②の繋がりがスムーズではない場合が多いのです。

　そこで、分かりやすいトピックセンテンスにするために書き直します。これを「リライト」と言います。ここでは、該当する段落の別の文をトピックセンテンスにすることになります。

　リライトの手順を整理したのが、次の資料です。

> ### リライトの手順
>
> ① トピックセンテンス（冒頭の一文）を一覧にし、「音読」する。
>
> ② 「はじめ」「中」「終わり」から繋がりのよくないパーツを決める。
>
> ③ 抽出した段落に「／」をつけて「文」に分ける。
>
> ④ 適切なトピックセンテンスを選ぶ。
>
> ⑤ 指示語（こそあど言葉）がある場合は、指し示す部分も含めてトピックセンテンスとする。

　本教材では、①段落をリライトします。

　授業の流れは、次のようになります。

> 説明：①段落のトピックセンテンスをもっと分かりやすいものにします。
>
> 発問：①段落は、いくつの文で構成されていますか。（5文）
>
> 指示：「。」の後に「／」を書きながら「いち、に、さん……」と数えます。
>
> 発問：何文目をトピックセンテンスにするとよいですか。（5文目）
>
> 発問：その理由を他の段落のトピックセンテンスを見て考えなさい。
>
> （④⑦も問いの文がトピックセンテンスになっているから）

　この発問・指示の一つひとつに意味があります。

　まず、段落を文に分けさせます。この作業で「いち、に」と声を出させることで、文の数を間違っていた子供は、その場で気づいて修正できます。これを声に出させずに作業をさせると、答えがバラバラになります。そうすると、また余計な時間がかかることになるのです。

　次に、何文目かを考えさせます。これによって、選択肢問題へと変換されます。「①段落のトピックセンテンスを探しなさい。」と言うと、その時点で読むのを嫌がる子供がいます。しかし、5つの文に分けておくと、1文目以外から選べばよいので、「四択問題」になるのです。

　このように発問・指示の意味と順序が、授業を組み立てていくことになります。

第4章　高学年教材で読み解く「読解スキル7」

【A】がリライトしたトピックセンテンスです。

> ①的中率は、どうして高くなったのでしょうか。

何の「的中率」なのかが、不明となります。

そこで、次のように発問します。

> 発問：①のトピックセンテンスは、「何の」的中率なのですか。

子供は、①段落からすぐに答えを探します。

「天気予報の」が答えとなります。これを当てはめると次のようになります。

> ① （天気予報の）的中率は、どうして高くなったのでしょうか。

そうすると【B】のようになります。

こちらの方が、より分かりやすいトピックセンテンスになります。

【B】

リライトしたトピックセンテンスを読みなさい。主語を明確にします。

① （天気予報の）的中率は、どうして高くなったのでしょうか。
② 一つは、科学技術の進歩です。
③ もう一つの理由は、国際的な協力の実現です。
④ では、さらに科学技術が進歩し、国際的な協力が進めば、天気予報は百パーセント的中するようになるのでしょうか。

【A】

リライトしたトピックセンテンスを読みなさい。

① 的中率は、どうして高くなったのでしょうか。
② 一つは、科学技術の進歩です。
③ もう一つの理由は、国際的な協力の実現です。
④ では、さらに科学技術が進歩し、国際的な協力が進めば、天気予報は百パーセント的中するようになるのでしょうか。

スキル4：図表・グラフ

図表・グラフの指導では、高学年から新たに次の③が加わります。

> ③この図表を使ったことの効果は何ですか。

これは、国語科の「情報」の内容に「統計資料の読み方」があるからです。

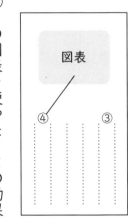

指導すべき3項目

① この図表に見出しを付けましょう。

② この図表は、何段落と対応していますか。

③ この図表を使ったことの効果は何ですか。

本教材では、「③この図表を使ったことの効果」についての指導を紹介します。

右の表から考えられる効果を3点あげてみました。

まず、教師が自ら考えてみることが大事です。

答えは1つではありません。

正解を求めるのではなく、図表・グラフがある時には、「その効果を無意識に考えられる」という資質・能力が重要なのです。

三、もっと的中率が上がってもよいとも思える。少しずつしか増えないのには、何らかの理由があるのだろうという予想を読者に持たせる効果がある。

二、的中率の増え方が、緩やかであることが分かる。

一、的中率が徐々に増えていることが分かる。

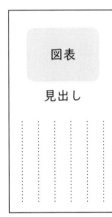

東京地方の降水の予報精度
（5年平均）

年	的中率（パーセント）
1971～1975	79
1976～1980	79
1981～1985	82
1986～1990	82
1991～1995	83
1996～2000	84
2001～2005	86
2006～2010	86
2011～2015	87

（気象庁資料を再構成）

（光村教科書5年　P270）

この表を用いた効果は何ですか。

もう１つのグラフについても、効果を考えてみました。

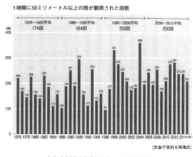

１時間に50ミリメートル以上の雨が観測された回数

（光村教科書５年　P272）

一、十年ごとの平均回数が示されているので、グラフだけでは分かりにくい増加の程度が分かる。

二、本文の二百三十回が次第に増加して現在に至っていることが分かる。

三、また、これからも増える可能性も予想できる効果がある。

このように、図表・グラフの効果を考えることは、

自分が図表・グラフを使うときにも役立つ

ことも考えられます。

スキル5：説明の型

本教材は、「尾括型」です。

尾括型

スキル6：筆者の主張

⑪段落に筆者の主張が記述されています。

次のように授業します。

> 指示：⑪段落を1回音読しなさい。
> 説明：⑪段落から筆者の主張が書いてある一文を見つけます。
> 指示：⑪段落は、いくつの文で構成されていますか。（4文）
> 発問：筆者の主張は、何文目ですか。（4文目）
> 発問：4文目の主語は、何ですか。（私たちは）

筆者の主張を検討する際に指標となるのは、次のことです。

> 筆者の主張は、主語が「私は」「私たちは」となる場合が多い。

「要旨」の捉え方について、学習指導要領と本教材を掲載している光村図書の掲載内容を紹介します。

> 要旨とは、書き手が文章で取り上げている内容の中心となる事柄や，書き手の考えの中心となる事柄などである。要旨を把握するためには，文章全体の構成を捉えることが必要になる。文章の各部分だけを取り上げるのではなく，全体を通してどのように構成されているのかを正確に捉えることが重要である。その際，叙述を基に，書き手が，どのような事実を理由や事例として挙げているのか，どのような感想や意見などをもっているのかなどに着目して，事実と感想，意見などとの関係を押さえることとなる。
>
> 「小学校学習指導要領国語解説５、６年」

要旨

筆者が文章で取り上げている、内容や考えの中心となる事が

文章全体をまとめている段落に表れることが多い。

ら。

「国語五（銀河）」（光村図書）

【要旨把握の手順】
①文章全体の構成を捉える。
②文章全体をまとめている段落を探す。
③30字以内にまとめる。

　前回の「固有種が教えてくれること」では、150字程度にまとめることが課題として提示されていました。本書ではそのための「手順」を示しました。

　今回は、さらにシンプルにする形で「要旨把握の手順」を示しています。

　これは、向山洋一氏が文章全体を要約する方法として提案されたものです。向山氏は「要約」という表現をしていますが、現在の学習指導要領の「要旨」と同義です。

①筆者の主張が書かれた段落を見つける。（⑪段落）
②筆者の主張が書かれた一文（二文）を見つける。（４文目）
③その一文を30字以内にまとめる。

　この手順で私が考えた「要旨」は、次のとおりです。

科学的な予報を情報としつつ、天気の変化に備えるのは自分だ。（29字）

3 笑うから楽しい（6年）

読解スキル7による教材分析と指導のポイント

スキル0：前提となる情報（音読・知識・スキーマ）

本教材は、6年生最初の説明文の練習教材として設定されています。したがって、特に難しい言葉等はありません。つまり、6年生で学ぶ説明文の基本的な枠組みを理解することに主眼がおかれています。

スキル1：題名

「筆者の主張」が題名です。従来の疑問を持たせる指導から、「どのような事例で説明しているのか。」という説明文の文章構成に関わるような読みの方向性に意識を向けることが大事です。

スキル2：文章構成

「初め」「中」「終わり」の構成です。また、本教材では、「主張ー事例」の構成を学習することが重要なポイントとなります。

スキル3：トピックセンテンス

本教材のトピックセンテンスは、よく整っています。練習教材であり、見開き2ページの構成です。各段落の冒頭の一文を並べて読むと、全体の内容が把握できます。トピックセンテンスの指導に適した教材だと言えます。

スキル4：図表・グラフ

本教材には、図表・グラフがありません。②段落、③段落をイラスト化する学習は、内容の理解をみる上で効果的かもしれません。

スキル5：説明の型

本教材は、「双括型」の説明文です。ただし、①段落と④段落の主張は、全く同じ内容ではありません。そこを次の「スキル6」で学習します。

スキル6：筆者の主張

①段落の主張の文と④段落の主張の文を比較し、書きぶりの違いを考えさせることが大事です。①段落の主張に＋αをしたものが、④段落の主張だと捉えることができます。

スキル7：要点・要約・要旨

本教材では、文章を読んで「あなたは、この文章を読んでどう思っただろうか。」という課題が設定されています。高学年では、文章を理解した上で「吟味」することが求められます。自分の考えを持ち、表現することです。全国学力・学習状況調査でも、令和4年度に「あなたなら」という記述型式での設問が3問ありました。

スキル０：前提となる情報

　本教材は、６年生最初の説明文の学習教材です。次の「時計の時間と心の時間」とセットで掲載されています。

　したがって、６年生で学習する説明文の枠組みが示されています。

　教科書の下段には、４つの課題が記述されています。

　以下の４つです。

①筆者の考えはどの段落に書かれているだろうか。
②筆者はどのような事例をもとに、考えを述べているだろうか。
③事例がある場合とない場合とで、読み手の理解はどう変わるだろうか。
④あなたは、この文章を読んで、どう思っただろうか。自分の経験などをふり返り
　ながら考えよう。

　①は、「筆者の主張」を読み取ることが第一義であることを示しています。説明文の読解指導とは、筆者の主張は何かを読み取ることだということです。次に、筆者が自らの主張（考え）を読み手に伝えるために、どのような組み立てや資料を使いながら書いているのかを読み取ります。

　②③では、読み手に伝わるような工夫の一つとして、「考え─事例」という観点を学習します。自らの主張（考え）を読み手に分かってもらうためには、根拠が重要になります。その「事例」が適切なものか、説得力があるものかを検討することで、自らが書く場面でも活用できるようになることを目指しているのです。

　④を「あなたなら」課題と名付けます。筆者の主張を読み取るだけでなく、筆者の主張に対して自分の考えを持つことが重視されます。全学調では、令和４年度に初めて「あなたなら」という設問が３問出題されました。これまでは主に中学校で「あなたなら」という設問がありましたが、小学校段階でも「自分の考え」を持つことが重視されるようになりました。１年間で、常に自分の考えを持ちながら説明文を読むという意識を持たせることが重要だということです。

　このように、１年間の説明文学習の枠組みが示されているということを理解した上で、授業を行うことが大事になります。しかもこの教材は、１時間で授業することになっています。

スキル1：題名

　本教材は、「筆者の主張」が題名です。

　普通は「楽しいから笑う」と考えますが、ここでは「笑うから楽しい」と逆のことを題名としています。そのことに気づいて疑問として出せたら、しっかり褒めます。

　また、6年生の学習内容として、「考え―事例」が挙げられます。

　筆者が自らの考えを伝えるために、どのような「事例」を挙げているのかという視点は、とても重要です。6年生として、常に「事例」に着目して説明文を読む姿勢を持つことを念頭に指導するとよいですね。

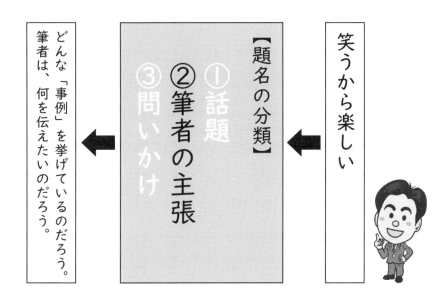

笑うから楽しい → 【題名の分類】①話題 ②筆者の主張 ③問いかけ → どんな「事例」を挙げているのだろう。筆者は、何を伝えたいのだろう。

スキル２：文章構成

本教材は「初め」「中」「終わり」の構成ですが、わずか４段落です。
難しい内容でもありません。子供の経験と関連づけることも可能です。
しかし、わずか４段落からなる説明文の意味を考えなければいけません。

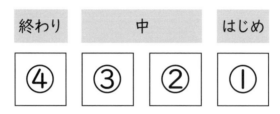

これは、内容の読解に時間をかけずに、説明文で学習すべき項目に指導が重点化できるように、意図的に短く分かりやすい教材を掲載してあるということです。

> ６年生で指導すべき説明文の学習内容が凝縮されている。

このように考える必要があります。
その一つの例が、次の学習内容です。

> 考え―事例

各段落の「考え―事例」をあげてみます。

> ①考え：私たちの体の動きと心の動きは、密接に関係しています。
> 事例：例えば、……
> ②考え：私たちの脳は、体の動きを読み取って、……心の動きを呼び起こします。
> 事例：ある実験で、……
> ③考え：表情によって呼吸が変化し、……大切な要素の一つです。
> 事例：（　　　　　　　）……

「考え」を述べた後に、「例えば」「ある実験で」等と「事例」が述べられています。
③段落では、「事例」を表す冒頭の言葉が書いてありません。つまり、書いていなくても「事例」だと読み取れるかどうかをみているのです。

このように、本教材では６年生で学習する説明文の文章構成として、「考え―事例」を挙げています。つまり、「この１年間でその視点で説明文を読めるようになってもらいたい」というメッセージなのです。

スキル3：トピックセンテンス

　本教材のトピックセンテンスは、よく整っています。

　次のように説明します。

> 説明：説明文は段落の冒頭一文に、その段落の要点が書かれています。それをトピックセンテンスと言います。だから、トピックセンテンスを繋げて読むと、文章全体の大体の内容が分かります。これからも説明文を読む時には、まずトピックセンテンスを読みましょう。その後に内容を詳しく読むと理解が確実になります。

> ①私たちの体の動きと心の動きは、密接に関係しています。
>
> ②私たちの脳は、体の動きを読み取って、それに合わせた心の動きを呼び起こします。
>
> ③表情によって呼吸が変化し、脳内の血液温度が変わることも、私たちの心の動きを決める大切な要素の一つです。
>
> ④私たちの体と心は、それぞれ別々のものではなく、深く関わり合っています。

スキル4：図表・グラフ

　本教材には、図表・グラフは掲載されていません。

　図表・グラフを提示しなければ理解できない内容ではないからでしょう。

　念のため、図表・グラフの学習内容を再掲しておきます。高学年では、特に③が重要となります。

　つまり、図表・グラフ等の資料がある場合は、補助資料として読むのではなく、その効果を考えながら読むことが大切なのです。

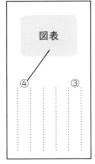

③この図表を使ったことの効果は何ですか。

指導すべき3項目

①この図表に見出しを付けましょう。

②この図表は、何段落と対応していますか。

図表
見出し

図表

④　　③

スキル5：説明の型

　本教材は、右図のように「双括型」の
説明文です。

　①段落と④段落の冒頭の一文に、筆者
の主張が述べられています。

> ①私たちの体の動きと心の動きは、
> 密接に関係しています。
> ④私たちの体と心は、それぞれ別々
> のものではなく、深く関わり合っ
> ています。

見事な「双括型」ですね。

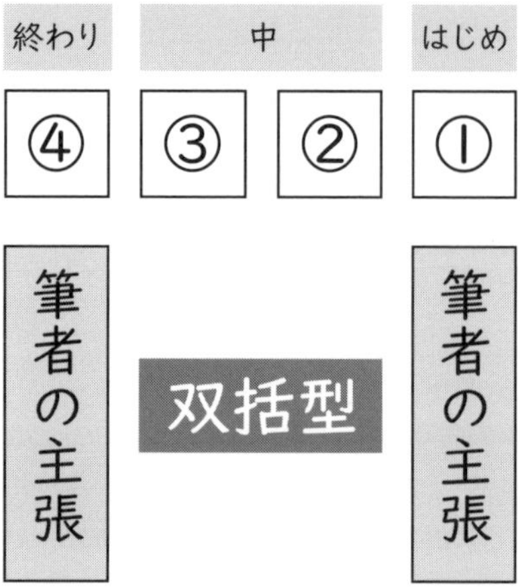

終わり	中	はじめ
④	③ ②	①
筆者の主張	双括型	筆者の主張

スキル6：筆者の主張

本教材の「筆者の主張」は、①段落と④段落にあります。

通常は、「終わり」に書かれている主張の方を取り上げます。

高学年では、筆者の主張を読み取るだけで終わりではありません。

本単元の学習の手引きには、次のように書かれています。

> ●筆者の主張に対して、あなたはどのように考えただろうか。自分の考えをまとめ
> よう。
> ・筆者の主張のどの部分に、共感・納得したり、疑問に思ったりしたか。
> ・それは、自分のどのような経験がもとになっているか。
>
> （光村図書六「創造」P55）

そして、発表の例として、次のフォーマットで書かれています。

> ①自分の考え
> ②理由や具体例
> ③まとめ

　このフォーマットを参考にして、教師自ら書いてみることが大事です。書いてみると、
子供がどこでつまずくかが分かります。どの教科でも同じですね。まずやってみること
が大切です。

スキル7：要点・要約・要旨

「要旨」については、光村図書六「創造」に書いてあることと、光村図書五「銀河」に書いてあることは同じです。再掲します。

> 要旨とは，書き手が文章で取り上げている内容の中心となる事柄や，書き手の考えの中心となる事柄などである。要旨を把握するためには，文章全体の構成を捉えることが必要になる。文章の各部分だけを取り上げるのではなく，全体を通してどのように構成されているのかを正確に捉えることが重要である。その際，叙述を基に，書き手が，どのような事実を理由や事例として挙げているのか，どのような感想や意見などをもっているのかなどに着目して，事実と感想，意見などとの関係を押さえることとなる。
>
> 「小学校学習指導要領国語解説 5、6年」

▼ 要旨
筆者が文章で取り上げている、内容や考えの中心となる事が、文章全体をまとめている段落に表れることが多い。

「国語五（銀河）」（光村図書）

【要旨把握の手順】
①文章全体の構成を捉える。
②文章全体をまとめている段落を探す。
③30字以内にまとめる。

④段落は、3文で構成されています。

> 　私たちの体と心は、それぞれ別々のものではなく、深く関わり合っています。
> 　楽しいという心の動きが、えがおという体の動きに表れるのと同様に、体の動きも心の動きに働きかけるのです。
> 　何かいやなことがあったときは、このことを思い出して、鏡の前でにっこりえがおを作ってみるのもよいかもしれません。

文は、「抽象」か「具体」で分けることができます。
筆者の主張は、「抽象」の部分です。「具体」は、事例となります。
したがって、④段落の筆者の主張は、一文目だということが分かります。
一文目を基に30字以内で要旨をまとめてみます。

> 私たちの体と心は、別々のものではなく、深く関わり合っている。（30字）

4 時計の時間と心の時間（6年）

読解スキル7による教材分析と指導のポイント

スキル0：前提となる情報（音読・知識・スキーマ）

本教材では、「時間」という身近な事例を取り上げています。「心の時間」についても内容を読むと、自分たちの経験と結び付けることができます。身近な話題だからこそ、自分の考えを持つ学習が可能となります。

スキル1：題名

「話題」が題名です。「心の時間」とは何だろうという疑問を持つことは前提として、ここでは練習教材であったように、「どのような事例を取り上げて書いてあるのか」ということを読みの方向性として示したいですね。

スキル2：文章構成

「初め」「中」「終わり」の構成です。また、本教材でも、「考え」と「事例」を読み取ることが重要なポイントです。

スキル3：トピックセンテンス

本教材のトピックセンテンスは、よく整っています。そのままでも文章全体の内容を把握することはできますが、説明の型との関連を考えると、「初め」の①②段落のリライトが必要となります。

スキル4：図表・グラフ

本教材の図表・グラフには表題が示されています。段落との対応も難しくはありません。そこで本教材では、図表・グラフの特徴を説明するという学習を行う必要があります。図表・グラフの説明は、算数科等、他教科でも必要です。

スキル5：説明の型

本教材は、「双括型」の説明文です。

スキル6：筆者の主張

①段落と⑧段落に筆者の主張が書かれています。内容も同じです。そこで、この筆者の主張に対して自分はどのように考えるのかを書かせる学習が極めて重要です。6年生の学習では、情報を鵜呑みにしないという意味でも、筆者の主張に対して自分の考えを書かせる学習が重要です。

スキル7：要点・要約・要旨

本教材では、「筆者の主張に対して、あなたはどのように考えただろうか。」という課題が設定されています。筆者の主張を捉えた上で、自分の考えを述べる学習がとても大切です。

スキル１：題名

本教材は、「話題」ともとれるし、「筆者の主張」とも考えられます。

題名の分類では、①と②の線引きが明確ではない場合もあります。

あまりこだわらなくてもよいと思います。

大切なのは、題名から読みの方向性を考えるという学び方です。

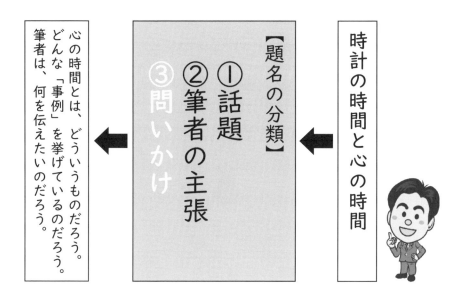

本教材では、以下のような読みの方向性が出されればよいでしょう。

心の時間とは、どういうものだろう。
どんな「事例」を挙げているのだろう。
筆者は、何を伝えたいのだろう。

低学年からの積み上げがあれば、簡単に子供たちから出されると思います。

低・中・高と学年が上がるにしたがって、学習指導要領に示される「内容」が変わっていきますから、それらの「内容」に示された学習事項を含めて、読みの方向性が考えられるようにすることが大事です。

ここで言うなら、次の疑問がそれに当たります。

どんな「事例」を挙げているのだろう。

スキル２：文章構成

本教材は、以下の図のように「初め」「中」「終わり」で構成されています。
また、「中」には「事例１」から「事例４」が述べられています。

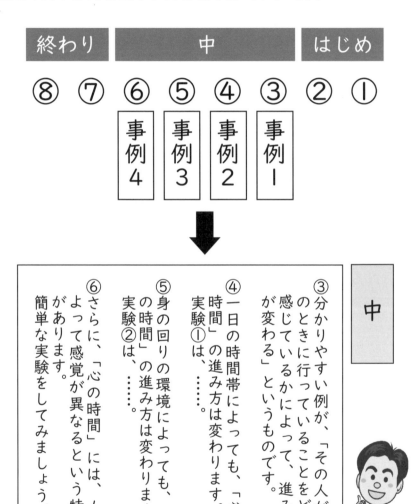

「中」の段落は、それぞれ「考え－事例」の構成となっています。
この構成は、高学年の学習内容として重要です。

スキル3：トピックセンテンス

本教材のトピックセンテンスとしては、「初め」の部分のリライトが必要です。

では、①②段落の何文目がトピックセンテンスに適しているでしょうか。

①段落は4文目、②段落は8文目です。

①②段落のトピックセンテンスは、何文目ですか。

①＝4文目
②＝8文目

①私たちは毎日、当たり前のように時間と付き合いながら生活しています。

②みなさんが、「時間」と聞いて思いうかべるのは、きっと時計が表す時間のことでしょう。

③分かりやすい例が、「その人がそのときに行っていることをどう感じているかによって、進み方が変わる」というものです。

④一日の時間帯によっても、「心の時間」の進み方は変わ

⑤身の回りの環境によって、「心の時間」の進み方は変わ

①②段落をリライトしたトピックセンテンスが以下です。

文章全体の内容が把握できていることが分かると思います。

①私は、「心の時間」に目を向けることが、時間と付き合っていくうえで、とても重要であると考えています。

②「心の時間」には、さまざまな事がらのえいきょうを受けて進み方が変わったり、人によって感覚がちがったりする特性があるのです。

③分かりやすい例が、「その人がそのときに行っていることをどう感じているかによって、進み方が変わる」というものです。

④一日の時間帯によっても、「心の時間」の進み方は変わります。

⑤身の回りの環境によっても、「心の時間」の進み方は変わります。

⑥さらに、「心の時間」には、人によって感覚が異なるという特性があります。

⑦ここまで見てきたように、「心の時間」は、心や体の状態、身の回りの環境などによって、進み方がちがってきます。

⑧このように考えると、生活の中で「心の時間」にも目を向けることの大切さが見えてくるのではないでしょうか。

スキル4：図表・グラフ

図表・グラフの指導では、「説明する」ということが大事になっています。

右は、令和3年度の全学調の小学校国語大問2の図です。

面ファスナーの仕組みが図と文字で示されています。これを説明する問題が出題されました。

このように、図表やグラフを説明する力を付けておくことがとても重要です。これは、算数の問題でも同様です。

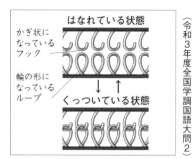

面ファスナーの仕組み

〈令和3年度全国学調国語大問②〉

かぎ状になっているフックが、輪の形になっているループに入り、くっつく仕組み

このような考えから、本教材の図・グラフをどのように説明すればよいかを示しました。

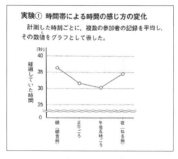

（光村図書六「創造」P50）

実験①のグラフは、時間帯による時間の感じ方の変化を表しています。
このグラフから、朝や夜は、昼よりも時間が速くたつように感じることが分かります。

実験② 刺激の増減による時間の感じ方の変化
灰色の画面に、刺激として白い円を表示する。円の数をさまざまに変えて、円が表示された時間が、数によってどのくらいに感じたかを調べる。

短く感じる ← 表示時間は同じ → 長く感じる

（光村図書六「創造」P51）

実験②の図は、刺激の増減による時間の感じ方の変化を表しています。
このグラフから、刺激が多くある方が時間の進み方が遅く感じるのではないかと考えられます。

いずれも二文で説明しています。

それぞれの説明の「一文目」と「二文目」のロジックは次のとおりです。

一文目：表題を書いただけです。何を表した図表・グラフなのかを述べます。
二文目：最も特徴的なことを1点述べます。

図表・グラフの説明は、難しいことを説明するのではありません。上記のように、シンプルに説明するフォーマットを指導することが「学び方」になるのです。

スキル5：説明の型

本教材は、「双括型」です。①段落と⑧段落に筆者の主張が述べられています。

終わり	中	はじめ

⑧ ⑦ ⑥ ⑤ ④ ③ ② ①

主張　　　　双括型　　　　主張

スキル6：筆者の主張

①段落と⑧段落の筆者の主張は、右の文です。

これを読むと分かるように、全く同じではないことが分かります。

①段落では、「心の時間」に目を向けることの重要性を述べています。

しかし、⑧段落では、「心の時間」に目を向けるだけではなく、「時計の時間」を道具として使うことの重要性を述べています。

つまり、「双括型」の筆者の主張は、後段の方がより重要だということが分かります。式で表すと、次のようになります。

⑧の主張＝①の主張＋α

①私は、「心の時間」に目を向けることが、時間と付き合っていくうえで、とても重要であると考えています。

⑧そんな私たちに必要なのは、「心の時間」を頭に入れて、「時計の時間」を道具として使うという、「時間」と付き合うちえなのです。

スキル7：要点・要約・要旨

要旨

筆者が文章で取り上げている、内容や考えの中心となる事柄が、文章全体をまとめている段落に表れることが多い。

「国語五（銀河）」（光村図書）

> **要旨とは、**書き手が文章で取り上げている内容の中心となる事柄や，書き手の考えの中心となる事柄などである。**要旨を把握するためには，文章全体の構成を捉える**ことが必要になる。文章の各部分だけを取り上げるのではなく，全体を通してどのように構成されているのかを正確に捉えることが重要である。その際，叙述を基に，書き手が，どのような事実を理由や事例として挙げているのか，どのような感想や意見などをもっているのかなどに着目して，**事実と感想，意見などとの関係を押さえる**こととなる。
>
> 「小学校学習指導要領国語解説5、6年」

【要旨把握の手順】
①文章全体の構成を捉える。
②文章全体をまとめている段落を探す。
③30字以内にまとめる。

⑧段落の筆者の主張を表す一文を30字以内にまとめたのが右の資料です。

これが、本教材の「要旨」ということになります。

そんな私たちに必要なのは、「心の時間」を頭に入れて、「時計の時間」を道具として使うという、「時計の時間」と「時間」と付き合うちえなのです。

「心の時間」を頭に入れ、「時計の時間」を使うちえが必要。（28字）

126

あとがき

　これまでも多くの著作を発刊させていただきました。

　全て、雑誌原稿等を編集したものでした。

　今回、初めて「書き下ろし」ました。

　実は、当初は私家版の予定で作成した冊子でしたが、出版社の目にとまってこのような形になりました。

　早期退職をして、全国行脚をしながら開発した指導法です。

　私は、常に次のような信念を持って指導法を開発しています。

> **支援学級の子供たちが熱中する指導法こそ本物である。**

　これまでに開発した「全国学テ国語B記述式問題指導法」「図読法」もそうでした。

　そして、今回の「読解スキル7」にもそのような思いを持っています。

　まだまだ完全ではありません。

　私は、指導法とは教師だけで創るものではなく、半分は子供たちが教えてくれるものだという考えを持っています。

　特に国語の苦手な子供、教科書を読むのを嫌がる子供。

　そのような子供たちこそが、教師を育ててくれます。

　この本の中にも、そのような子供の声に助けられながら改善したものがあります。

　私は、小学校からずっと国語が大嫌いな子供でした。

　そんな私に国語の授業の魅力と奥深さを教えてくださったのが、向山洋一氏でした。

　説明文指導においても、「問いと答えの対応」という説明文指導の骨格を具体的な授業として示して下さいました。次の指導場面は、私の永遠の憧れです。

> 問いの一文はどれですか。
> 問いの一文に線を引きなさい。
> 問いを表す一文字は何ですか。（「か」）
> 赤鉛筆で丸で囲みなさい。

　私家版の予定であった冊子に光を当ててくださった学芸みらい社の樋口雅子氏と阪井一仁氏に深く感謝申し上げます。

令和5年5月24日　椿原正和

[著者紹介]

椿原正和（つばきはら・まさかず）
（@にこにこ先生）

1962年生まれ。熊本大学大学院教育学研究科 教育専攻修了。
熊本県内の公立小学校教諭を早期退職。
現在、特定非営利活動法人教授法創造研究所理事長。日本教育技術学会理事。
教育アドバイザー（宮城県白石市、広島県尾長小、愛媛県菊間小、富山県長岡小、
R5年4月）専門は、国語科教育（読解力）、オンライン授業論、家庭教育。
これまでに以下の指導法を開発し、全国各地で授業・講演を行っている。
① 全国学力・学習状況調査国語B問題（記述式問題）の指導法
②「作業」で物語文の構造を読み取る「図読法」（商標登録）
③ 情報社会に必須の「スキル」で説明文を読み書く「読解スキル7」
主な著書に『学テ国語B問題―答え方スキルを育てる授業の布石』学芸みらい社、
『国語教科書の読解力は「図読法」でつける』学芸みらい社、『ドキュメント! オン
ライン国語授業』学芸みらい社、『知ってトクする"情報教育"の基礎基本』（堀
田龍也・椿原正和編著）明治図書　等多数。
★講師依頼は、研究所HP（https://icem.jp/）よりお願いします。

椿原流　図解で早わかり国語授業①
説明文読解の授業

GAKUGEI MIRAISHA

2023年9月5日　初版発行

著　者　椿原正和
発行者　小島直人
発行所　株式会社学芸みらい社
　　　　〒162-0833　東京都新宿区箪笥町31番　箪笥町SKビル3F
　　　　電話番号 03-5227-1266
　　　　https://www.gakugeimirai.jp/
　　　　E-mail : info@gakugeimirai.jp
印刷所・製本所　藤原印刷株式会社
企　画　樋口雅子
編　集　阪井一仁
校　正　西田延弘
装丁・本文組版　小沼孝至